改革再出发

博鳌亚洲论坛
2018年年会

博鳌亚洲论坛 ◎ 著

中信出版集团 · 北京

图书在版编目(CIP)数据

改革再出发：博鳌亚洲论坛2018年年会/博鳌亚洲论坛著.--北京：中信出版社，2018.8
ISBN 978-7-5086-9094-0

Ⅰ.①改… Ⅱ.①博… Ⅲ.①亚洲经济－经济改革－文集 Ⅳ.①F130.4-53

中国版本图书馆CIP数据核字〔2018〕第116044号

改革再出发：博鳌亚洲论坛2018年年会

著　　者：博鳌亚洲论坛
出版发行：中信出版集团股份有限公司
　　　　　（北京市朝阳区惠新东街甲4号富盛大厦2座　邮编　100029）
承　印　者：北京楠萍印刷有限公司

开　　本：787mm×1092mm　1/16　　印　张：14.25　　字　数：102千字
版　　次：2018年8月第1版　　　　　印　次：2018年8月第1次印刷
广告经营许可证：京朝工商广字第8087号
书　　号：ISBN 978-7-5086-9094-0
定　　价：68.00元

版权所有·侵权必究
如有印刷、装订问题，本公司负责调换。
服务热线：400-600-8099
投稿邮箱：author@citicpub.com

目录

序　开放创新的亚洲　繁荣发展的世界　// III
千帆逐春潮　奋进新时代　// VII
嘉宾致辞　// XVII

第一部分　全球化与自由贸易

1. "一带一路"带来新机遇　// 003
2. 全球化的"下半场"　// 015
3. 人民币国际化的理性思考　// 023

第二部分　开放的亚洲

4. 经济增长的可持续性　// 035
5. 亚洲经济一体化　// 047
6. 粤港澳大湾区　// 053
7. 中日印经济合作的潜力　// 063

第三部分　创新

8. 拥抱人工智能　// 073

9. 共享经济的理性思考　// 089

10. 互联网的"下半场"　// 095

11. 迎接技术革命4.0　// 101

12. 数字经济：智慧的价值　// 111

第四部分　深化改革

13. 政府与市场　// 119

14. 货币政策正常化　// 139

15. 税制改革促进经济发展　// 149

16. 企业的蜕变　// 157

17. 金融行业改革之路　// 163

序
开放创新的亚洲　繁荣发展的世界

一年之计在于春。每年春天，世界的目光都会聚焦中国。焦点首推北京召开的"两会"，为中国一年的大政方针定调；中国最南端的海南省博鳌小镇继之，一年一度的博鳌亚洲论坛年会，为亚洲和世界的发展提供"博鳌方案"。

这是一场盛会，群贤毕至，政商学媒各界精英云集。2018年4月8日—11日，博鳌小镇迎来了中国国家主席习近平、奥地利总统范德贝伦、菲律宾总统杜特尔特、蒙古总理呼日勒苏赫、荷兰首相吕特、巴基斯坦总理阿巴西、新加坡总理李显龙等7个国家的领导人，联合国秘书长古特雷斯、国际货币基金组织总裁拉加德等国际组织的负责人，80多位中外部长级官员，72家世界500强和知名企业的董事长、CEO（首席执行官），1600多位企业家，100多位经济学家，1000多位媒体记者。一时间，"人气"之旺，亚洲无二。

这是一次思想盛宴。短短4天时间，共举行65场正式讨论，包括开幕大会、34场分论坛、5场电视辩论、两场主题餐会、两场夜话、两场发布和学术报告会、19场圆桌会议。围绕全球化与"一带一路"（丝绸之路经济带和21世纪海上丝绸之路）、开放、创新、结构性改革等关键词，260多位讨论嘉宾、2000多位代表和1000多位记者在博鳌特有的轻松愉快氛围下进行了认真、热烈、有深度、有意义的探讨。博鳌之美，不仅在于人气之旺，更在于思想和智慧碰撞的火花。

博鳌亚洲论坛以"论"立"坛"，但更重行动，知行合一。论坛的价值，既在于汇聚众智，把脉经济，发现问题，对症下药，提出解决方案，更在于凝聚共识，通过出席论坛的2000多位代表，化为各国政府、工商界和普罗大众的政策、行动。从2001年创会至今，博鳌亚洲论坛与亚洲经济一体化进程相伴相生、相互促进，以思想见长，以共识为基，以行动发力，为亚洲和世界经济的可持续发展贡献自身独特的价值。

放眼全球，当今世界正在经历新一轮大发展、大变革、大调整，国际社会面临的不稳定、不确定因素依然很多。开放还是封闭，前进还是后退，人类面临着新的重大抉择。面对复杂变化的世界，人类社会向何处去？亚洲前途在哪里？

序 开放创新的亚洲 繁荣发展的世界

这是习主席在博鳌亚洲论坛 2018 年年会开幕式提出的两大"时代之问"。

博鳌亚洲论坛年会的 2000 多位代表给出了明确的态度和立场。在逆全球化的杂音面前，亚洲不会内顾倒退，而是以更加开放的姿态，更加积极主动地参与全球化。在世界经济仍面临诸多不确定性、可持续增长的动力不足的形势下，亚洲将更多依靠技术创新、制度创新、观念创新，而不是简单的要素投入，实现新一轮和更高层次的增长。一个更加开放、创新驱动的亚洲，是世界和平、繁荣与发展的压舱石和不竭动力。

"开放创新的亚洲 繁荣发展的世界"，既是本届年会的主题，也是亚洲对时代之问的思考和答案。

中国国家主席习近平出席开幕式并发表题为《开放共创繁荣 创新引领未来》的主旨演讲，强调各国要顺应时代潮流，坚持开放共赢，勇于变革创新，向着构建人类命运共同体的目标不断迈进；中国将坚持改革开放不动摇，继续推出扩大开放新的重大举措，同亚洲和世界各国一道，共创亚洲和世界的美好未来。

习主席的发言，是对论坛主题的深刻诠释。中国改革开放 40 年的成就，为亚洲的开放创新提供了中国经验和中国智慧。中国坚持改革开放不动摇并继续扩大开放的政策宣示，是对全球化和自由贸易的有力支撑。

改革再出发，永远在路上。

博鳌亚洲论坛秘书长

李保东

2018 年 6 月 20 日

千帆逐春潮　奋进新时代
——从博鳌亚洲论坛感受中国改革开放

新华社

太平洋西岸，南海之滨，博鳌亚洲论坛2018年年会盛大启幕。习近平主席将出席开幕式并发表重要主旨演讲。

世界瞩目"博鳌时间"。从传统渔业小镇到知名外交小镇，博鳌的变迁从一个侧面反映了中国改革开放40年的历史性跨越。

处在新的历史方位的中国如何推动对外开放再扩大、全面深化改革再出发，为亚洲乃至世界发展贡献更大的引领力量，全球期待中国声音。

春潮涌动，千帆竞技。乘着新时代的浩荡东风，以习近平新时代中国特色社会主义思想为指引，激荡百年的民族复兴梦想必将在改革开放新进程中得以实现，让繁荣发展的世界更加美好。

从"赶上时代"到"引领时代"：
40年改革开放在世界舞台上书写中国奇迹

1978年12月安徽凤阳县小岗生产队18户农民按下的18枚鲜红手印、1988年4月26日中共海南省委员会和海南省人民政府正式挂牌的历史一刻、2001年11月11日中国加入世界贸易组织签字仪式现场……

博鳌亚洲论坛会议中心长廊两侧，主题为"新时代 新征程"的纪念中国改革开放40周年成就视觉展吸引中外嘉宾纷纷驻足。

30多米的长廊如一条时光隧道，一张张照片、一段段视频，将中国改革开放中难忘的历史瞬间定格在世界面前。

"改革开放40年来，我们以敢闯敢干的勇气和自我革新的担当，闯出了一条新路、好路，实现了从'赶上时代'到'引领时代'的伟大跨越。"习近平今年初在春节团拜会上的讲话，令人热血沸腾。

40年风雨征程，改革开放创造了令世界赞叹的"中国奇迹"——

一分钟，26人走上工作岗位；一分钟，快递小哥收发7.6万件快递；一分钟，333万元投入研究和试验；一分钟，"复兴号"前进5833米……

每一分钟里展现的"中国速度"，折射40年来神州大地的历史性变迁。

从 1978 年到 2017 年,中国平均每年经济增长速度达 9.5%,经济总量占世界的份额从 1.8% 增至 15% 左右。即便近五年增速放缓,经济依然年均增长 7.1%,对世界经济增长贡献率超过 30%。

"在人类经济史上,还不曾有任何国家或地区有这么高速的经济增长,而且维持如此长的时间。"出席论坛的北京大学新结构经济学研究中心主任林毅夫说,40 年前中国大陆人均 GDP 只有 155 美元,排名全球倒数第三;40 年后这个数字超过 8800 美元,跻身中等偏上收入行列。

40 年春风化雨,改革开放成为强国富民的不竭源泉——

改革开放以来,中国脱贫减贫成就举世瞩目。联合国《2015 年千年发展目标报告》显示,中国对全球减贫的贡献率超过 70%。

党的十八大以来,以习近平同志为核心的党中央坚持以人民为中心的发展思想,人民群众的获得感、幸福感、安全感不断增强。

农村贫困人口累计减少 6853 万人,城镇新增就业每年超过 1300 万人,全国居民人均可支配收入年均实际增长 7% 以上,覆盖城乡居民的社会保障体系基本建成……

上世纪 80 年代就曾到过中国的联合国秘书长古特雷斯表示,中国改革开放 40 年,实现了举世无双的经济增长和减贫，对全球经济发展也做出了非常重要的贡献，值得世界各国学习借鉴。

40年昂首阔步，改革开放重塑中国在世界舞台的角色——

来自各国的2000多位各界嘉宾汇聚一堂，聚光灯下的博鳌亚洲论坛2018年年会，凸显中国非同一般的国际影响力。

今天的中国，正前所未有地走近世界舞台中央。

29次出访，足迹遍及五大洲57个国家以及主要国际和区域组织；在国内会晤外国元首、政府首脑约300人次……党的十八大以来，习近平主席频密的外交日程，标注了中国与世界关系的崭新坐标。

倡导创立亚洲基础设施投资银行和金砖国家新开发银行，人民币纳入国际货币基金组织特别提款权货币篮子，联合国大会首次在决议中写入中国的"一带一路"倡议……中国主张，为改革和优化全球治理注入强大动力。

习近平主席提出的构建人类命运共同体理念，引发国际社会广泛关注并被写入联合国大会决议等诸多国际组织文件中，显示出这一理念强大的国际影响力、感召力、塑造力。

"我们要把握世界大势，跟上时代潮流，共同营造对亚洲、对世界都更为有利的地区秩序，通过迈向亚洲命运共同体，推动建设人类命运共同体。"

3年前习近平在博鳌亚洲论坛上发出的铿锵之声，正在全球产生日益广泛的回响。

"逢山开路，遇水架桥"：将改革开放进行到底，为实现高质量发展积蓄澎湃动力，为世界做出新贡献

4月的海南三亚南田农场，丰收的气息在漫山遍野的芒果园中流淌。

26年来，靠砍胶种果和旅游脱贫，空前力度的自我革命推动南田农场实现从海南最差到最富农场的大跨越。

"改革永远在路上。"63岁的南田农场负责人彭隆荣说，改革新起点上的南田，正向着"率先基本实现农业现代化、率先全面建成小康社会"的新目标奋进。

"改革开放是发展海南的关键一招。"出席论坛的中国（海南）改革发展研究院院长迟福林说，同样，新的历史起点上，全面深化改革也是关系中国高质量发展的关键抉择。

时间的脚步永不停息。

今天的中国，正置身"两个一百年"奋斗目标的历史交汇期。党的十九大报告做出重大判断，我国经济已由高速增长阶段转向高质量发展阶段。

爬坡过坎，时不我待。

"改革开放是当代中国发展进步的必由之路，是实现中

国梦的必由之路。""逢山开路，遇水架桥，将改革进行到底。"习近平在2018年新年贺词中的话，吹响新时代改革开放再出发的进军号。

今天的中国，仍处于大有可为的重要战略机遇期。唯有将改革开放进行到底，才能推动高质量发展成为现实。中国进一步推进改革开放会为世界各国提供新的发展机遇——

察势者智，驭势者赢。

中国发展经过量的积累进入质的提升阶段，正开启"海阔凭鱼跃"的宽广空间；同时，全球的目光正在东移，中国风景成为越来越多国家的憧憬。

"深处全球改革浪潮中，谁能趁势把握改革先机，就能在激烈的全球竞争中立于不败之地。"美国约翰·霍普金斯大学东亚研究中心主任肯特·凯尔德在论坛上说。

大有可为的机遇期，造福中国也造福世界。

论坛年会围绕"全球化与'一带一路'""开放的亚洲""创新""改革再出发"四大板块，安排了60多场正式讨论，议题设置透露诸多"中国机遇"。

与会嘉宾一个明显的共识是，"一带一路"倡议如大鹏展开的双翼，不仅深化了中国的对外开放，也带动各国比翼齐飞。

"荷兰企业对与中国做生意态度积极。荷兰已为欢迎更多中国企业做好准备。"率领165家荷兰企业和智库机构来华的荷兰首相马克·吕特告诉记者，上个月一趟直达货运列车从荷兰阿姆斯特丹出发奔赴中国义乌，成为"荷中关系加强的又一象征"。

今天的中国，仍面临转型关键期的诸多挑战。唯有将改革开放进行到底，才能变压力为动力，化挑战为机遇——

放眼世界，不稳定性不确定性仍然突出，"黑天鹅""灰犀牛"不时冒头；环顾国内，发展不平衡不充分的一些突出问题尚未解决，决胜全面建成小康社会三大攻坚战任务艰巨……

"防范化解金融风险，事关国家安全、发展全局、人民财产安全，是实现高质量发展必须跨越的重大关口。"4月2日召开的中央财经委员会首次会议上，习近平强调。

"只有坚定不移将改革推向深入，真正用好改革开放这关键一招，才能破解深层次的利益矛盾，破除积存多年的顽症痼疾，中华民族伟大复兴必将在改革开放的进程中得以实现。"迟福林说。

不驰于空想、不骛于虚声：
奋力书写新时代改革开放新篇章

逐梦未来，靠什么劈波斩浪、奋楫扬帆？

"要弘扬改革创新精神，推动思想再解放改革再深入工作再抓实，凝聚起全面深化改革的强大力量，在新起点上实现新突破。"今年1月中央全面深化改革领导小组第二次会议上，习近平的话掷地有声。

乡村振兴战略布局实施，三大攻坚战打响，党和国家机构改革启动，供给侧结构性改革纵深推进……贯彻落实党的十九大精神，新时代的改革开放阔步前行，为蓝图变为现实凝聚起不竭的动力。

新起点上实现改革开放新突破，要以"奋斗者"的姿态，脚踏实地、苦干实干——

4月6日，博鳌镇南强村举行"艺术+"美丽乡村落成仪式。

这个有着300年历史的华侨之乡，经过改造升级，一改昔日的破落面貌，实现华丽转身，村民共享建设成果，在家门口吃上"旅游饭"。

"半年时间村庄面貌大变样，靠的是镇村干部群众的苦干、实干。"博鳌镇党委书记冯琼说。

更加注重改革的系统性、整体性、协同性，着力补齐重大制度短板，着力抓好改革任务落实……新起点上中国改革开放更精准发力，把为人民造福的事情办好办实。

新起点上实现改革开放新突破，要始终坚持新发展理念，攻坚克难、闯关夺隘——

国企国资、垄断行业、产权保护、财税金融、乡村振兴、社会保障……一系列关键领域改革向深水推进，新起点上中国用实际行动昭示更坚定的改革开放决心。

"久久为功发展热带特色高效农业、旅游业、互联网产业、医疗健康产业、金融服务业、海洋产业等十二个产业；坚持房子是用来住的、不是用来炒的定位，决不让海南变成房地产加工厂……"论坛上，海南省省长沈晓明的发言彰显出而立之年海南特区改革开放再出发的有力行动。

新起点上实现改革开放新突破，必须敞开胸怀，以更开放的姿态融入世界发展潮流——

5年前，习近平在博鳌发出"中国将坚定支持亚洲地区对其他地区的开放合作"的有力声音，给世界吃下了一颗定心丸；

3年前，同样在博鳌，习近平向世界重申中国对外开放的坚定决心——只有合作共赢才能办大事、办好事、办长久之事。要摒弃零和游戏、你输我赢的旧思维，树立双赢、共赢的新理念。

国务委员兼外交部部长王毅介绍，在博鳌亚洲论坛2018年年会上，习近平主席将就进一步推动构建亚洲和人类命运共同体、开创亚洲和世界美好未来，鲜明发出中国声音，阐明中国立场。

"历史已经证明，本国优先和贸易保护主义，最终指向一定是倒退而非发展。"出席论坛的韩国贸易协会会长金荣柱说，亚洲发展奇迹的创造离不开开放和创新，中国通过坚持开放和创新铸造发展奇迹，中国的成功正不断为世界提供全新发展借鉴。

时代潮流，浩浩荡荡，唯有弄潮儿能永立潮头。

南海之滨，潮平海阔。博鳌亚洲论坛永久会址东屿岛，像一只游向大海的巨鳌，向太平洋张开双臂。中国潮与世界潮交融激荡，共同谱写人类发展的美好未来。

嘉宾致辞

日本前首相福田康夫阁下致欢迎词

习近平主席阁下,各国领导人,各国首相阁下,各位代表,女士们,先生们!

我谨代表博鳌亚洲论坛对各位政府人士、经济界人士、有识之士和意见领袖，特别是那些远道而来参加此次盛会的各位来宾表示衷心的欢迎。

去年当我们聚集在博鳌时，讨论的焦点是理解全球化和自由贸易面临的问题，而今年，我们希望在大会上讨论的焦点是为推动全球化向前发展，我们应该采取什么样的解决方案和方法。在今年为期4天的论坛期间，我们将举行65场分论坛和对话。我们希望通过这些论坛和对话，能够达成广泛共识，对外共同发出明确的信息。

当我们在思考全球化这一个问题时，我希望大家都能注意到以下三点：

其一，亚洲和世界应该更加开放，应该更紧密地联系在一起。回顾这一年，最近突然出现了一些与我们的目标有所不同的动向。但是总体上来看，全球化确实推动了世界经济的发展，全球从中受益的人数也确实在不断增加。我们的世界绝对不能倒退回内向型和孤立的状态，现在像RCEP（区域全面经济伙伴关系）这样的多边经济合作框架不断取得进展，我们应该进一步推动其向前发展。

其二，数字技术创新掀起了新一轮发展的浪潮，要如何应对这样的创新，我们应共同分享这些理念。不仅是产业社会，数字创新还深入到了国民生活的每一个角落。它的发展速度很快，势头十分强劲。通过创新，我们还能拥有建设新社会的能力，它可以成为经济发展真正的引擎。但与此同时，如果我们处理不当，就会给社会安全带来损害，给人民带来不安，甚至可能引发一些不必要的混乱，最后导致产生各种差距问题。为使更多的人从全球化中获益，为推动世界经济健康发展，我们应相互紧密协作，深化相互之间的合作。

其三，对于经济发展和全球化来说，和平仍然是一个重要的课题。经济想要发展顺利，和平是不可或缺的必要条件。只有和平给我们带来了安定，人们才能够拥有共同的未来，才能成为共同体，世界才能实现繁荣。亚洲各国理应为实现这一目标付出努力，这正是我们的使命。希望各位能够注意到以上三个问题。

在去年召开的中共十九大上，习近平主席提出要建立人类命运共同体和新型国际关系，我对此完全赞同。建立人类命运共同体，正是为了实现"一带一路"的构想。这是一个长期的工程，今后国际社会也将不断呈现出合作的成果。今年论坛的主题十分宏大，为了实现重大的理念，今年一定会成为更具挑战性的一年。今天在博鳌亚洲论坛上，习主席面向聚集在这里的海内外有关人士表明这一点，我想这具有重要的意义。

各位来宾，为实现开放和创新的亚洲，为实现更加繁荣的世界，期待各位在今年的论坛上贡献您宝贵的意见和愿景，相互启发。请大家多多协助，谢谢大家。

奥地利共和国总统范德贝伦致辞

尊敬的习近平主席阁下,各位阁下,尊敬的来宾,此次是我首次对中国进行正式访问,我非常高兴也很荣幸能够出席本次论坛的开幕式,并发表演讲。

邓小平先生开启改革开放进程之前,中国从经济上来说是一个相对落后的国家,看看现在的中国,我们处处可见中国改革开放所走过的每一步以及取得的巨大成功,热烈祝贺中国所取得的成就。在我访华期间,我也和中国的领导人、政府官员和其他各界进行交流,这些交流进一步印证了我的看法,就是中国将继续坚定推进改革开放,这不仅仅会造福中国,也会造福全球。所以今天论坛的这个主题是及时的也是现实的。我们可以看到开放创新是演讲以及媒体报道的热词，但是如果要真正发挥开放和创新的作用，我们需要的并不仅仅是一般意义上的开放创新，而是高质量的开放和创新。

在我看来，有三大条件或者说是标准来衡量开放创新能否成为创造繁荣的重要源泉。第一，就是要看开放和创新是不是全面。外贸和外商直接投资是奥地利的经济主要支柱，在每10欧元当中就有6欧元来自跨境贸易，所以自由、公平和可靠的全球贸易体制对于奥地利来说是至关重要的，而且对其他国家也是如此。经济开放涉及众多的国家以及众多的行业和领域，而经济开放并不仅仅会造福小型开放的经济体，比如说奥地利，而是造福每一个国家、每一个经济体，包括亚洲、欧洲以及世界各地。所谓的贸易战是我们应该摒弃的，这会损害各方的利益。

第二点，开放和创新必须是可持续而且是包容的。我相信绿色经济、清洁能源会带来更大的繁荣，不仅仅造福当代，而且会造福后代子孙。所有亚洲和欧洲国家都已经签署了《巴黎协定》，在我看来这绝不仅仅是个巧合，因为可再生能源的投资大幅增长，特别是在中国，而中国政府也将解决污染问题作为工作的重点，巴黎会议所发出的信息以及我们对于实现绿色增长的承诺应该得到支持并且进一步推进下去。对于开放和创新来说，如果不实现包容就不会被接受，那么所有的人群社会的各群体都应该共享繁荣，否则就会给我们想要实现的繁荣带来风险。

第三，开放和创新应该是连通的并且应该是普遍的。亚洲正在努力地开放创新，技术创新并不仅仅意味着在技术方面领先，当然这是另外一个话题了。亚洲现在就促进互联互通提出了一系列倡议，这将进一步增强经济体之间的联系。中国提出的"一带一路"倡议就是其中的一个代表。互联互通将会发挥积极的作用，促进全球的繁荣。它涉及广泛的领域，包括基础设施、数字的互联互通以及民心的相互交流，而且应该是双向的，不应该是单边的。

另外一个关键的因素就是一个有效运作的多边体系，这样才能确保基于规则的多边秩序。亚洲在过去数十年都是世界经济发展的引擎，最近欧洲的经济也开始复苏，实现世界的繁荣面临着前所未有的机遇。当然，实现世界的繁荣也面临很多挑战。让我们携手共同探索解决共同挑战的应对方案，找到新的解决方案，应对新的挑战。如果我们能够携起手来，我们将会更加强大，我们可以建设更繁荣的世界。谢谢！

菲律宾共和国总统杜特尔特致辞

尊敬的习近平主席、彭丽媛女士,尊敬的各位国家元首和政府首脑,尊敬的各位博鳌亚洲论坛2018年年会的代表,女士们、先生们,早上好!

非常感谢邀请我在开幕式上致辞,我来到博鳌怀着一个坚定的信念,也就是共享的繁荣不仅仅是一个梦想,同时它也是一个可以实现的现实,我们所有的国家、各国的人民以及我们这个地区完全可以实现共享的繁荣。我对此充满信心,是因为亚洲保持着快速的增长,预计在2050年之前将会持续增长的势头,到2050年,亚洲将会占全球GDP的一半以上。

亚洲经济发展有着坚实的基础,亚洲主要经济体所建立的经济发展的模式也为小国提供了借鉴。在这个地区发展中的经济体开始逐步地享受到人口的红利，而且在经济增长和人力资源开发方面也在不断地迈进。与此同时，像东盟这样的地区、机构，也在不同的领域推动一体化的进程。亚洲是世界经济增长的引擎，而且势必将在全球经济中占据更加重要的位置。亚洲所有的国家无论是大国还是小国都可以发挥自己的作用，并且做出自己的贡献。长久以来，菲律宾也怀着一个美好的梦想，就是让自己的人民过上舒适的生活。我们希望构建一个基于人人享有的社会，我们希望自己国家勤劳、智慧和遵纪守法的人民能够实现共同的进步，提高社会和经济地位。

现在"菲律宾梦"正在逐步成为现实，我们正在推动经济的发展，当然在这个过程当中也面临着一些挑战，不过我们不会畏惧不前，我们也致力于同本国以及外国负责任的企业构建伙伴关系，共同推动我们所规划的国家发展的宏伟蓝图。我们已经取得了巨大的进展，国内的安全形势得到了很大的改善。我们还在继续推进反腐的斗争，同时也完善了政策的框架，改善了营商的环境。对我来说，除了非法毒品贸易和恐怖主义以外，腐败也是一个非常严重的挑战，它就像社会的毒瘤一样影响到了我们国家的发展。我曾经对我的国民多次说过，我们需要处理好腐败的问题，同时我们需要加强对基础设施、创新和互联互通的投入，我们为国家的发展确立了一系列雄心勃勃的目标，我们将财政开支的 5%~7% 投入基础设施建设方面，我们会努力将国内的贫困率从 2015 年的 22% 降到 2022 年的 14%，我们也希望在 2022 年之前实现年均 7~8 个百分点的增长。我提出了大建特建的项目，大建特建项目能够为菲律宾经济增长提供重要的基础，通过这些项目我们能够推动基础设施的升级，促进人员之间的联系，并且创造更多的就业。我们已经启动了一个三年的滚动投资计划，预计到 2022 年，总计投入超过 690 亿美元。我们也在加大对创新的投入，包括政府的运作、技术和人力资源开发方面的创新的投入，我们的目标是到 2022 年争取让菲律宾能够跻身全球创新指数前 1/3 国家的行列。我们会为菲律宾人提供更多的知识、技术和专业的技能，在菲律宾的科技部下面，我们设立了创新委员会，通过这一机构，我们的目标是提高中小微企业的竞争力和生产能力。我们也为企业提供更多的技术和资金，同时也在农业和服务业极大地推动科技创新。

  我们会继续加大对研发的投入，同时在这一关键的领域加强国际合作，我们希望也愿意向其他的国家学习先进经验。我们还会继续致力于促进互联互通，包括在技术层面和政治层面的互联互通。我们会继续加强同朋友和邻国之间的合作，以实现亚洲乃至整个世界共享增长潜力的目标。作为东盟的主席国，我们推动构建一个以规则为基础和以东盟为中心的地区架构，我们也会继续推动这一目标的实现。在双边的层面，菲律宾通过同中国改善关系，也证明了一个复杂的关系并不会影响到两国开展互利共赢的合作。我们同中国一起打击犯罪的行为以及非法的毒品贸易，同时在打击恐怖主义和暴力极端主义方面我们同中国并肩作战。我想要明确的一点是，亚洲要实现繁荣和进步就需要一个安定和稳定的环境，作为平等的主权国家，菲律宾和中国在基础设施建设方面可以开展合作，也已经构建了良好的伙伴关系。通过基础设施的建设，我们加强了双边的关系，同时也加强了人民之间的相互理解，而且也更好地增进了两国经济的交往。我想借这一平台再次重申这一点，菲律宾将亚洲视作自己的安身立命之地，菲律宾愿意同亚洲所有的国家发展友好和合作的关系。

　　打造更加繁荣的亚洲和世界是我们共同利益所在，也是我们共同的责任，所有的国家无论是大国还是小国都应当携手努力实现这一目标。我们要按照合作和协作的精神来实现共享繁荣的梦想。谢谢！

蒙古国总理呼日勒苏赫致辞

尊敬的习近平主席阁下、彭丽媛女士,各位代表团团长,女士们、先生们,首先请允许我向中华人民共和国政府以及博鳌亚洲论坛秘书处表示感谢,感谢中方邀请我参加此次论坛。蒙古是参与创建博鳌亚洲论坛的国家之一。博鳌亚洲论坛的宗旨是促进成员之间的信息交流,协调亚洲在经济事务方面的活动。我们积极参与国家和政府层面上的各种活动。我们认为博鳌亚洲论坛是一个重要的平台,为我们提供了很好的机会来探讨加强地区贸易和经济合作并且共同解决我们面临的挑战。

此次年会意义特殊,我们看到中国成功地举行了中共十九大以及两会，上述重要的会议也指明了中国未来的发展方向，并且选举出了新的领导层，会在未来的五年进一步引领中国的发展。今年也是中国改革开放政策实施40周年，随着改革开放政策的实施，中国实现迅速的经济增长，已经成为世界第二大经济体。而且对于本地区的多数国家来说，中国已经是最大的贸易和投资伙伴，并且中国也为世界经济增长做出了突出的贡献。我也要再次向以习主席为核心的新的领导集体表示祝贺，我坚信在新的领导集体带领下，中国一定会进一步实现可持续的社会和经济发展，进一步为世界和平做出贡献。

蒙古重视中国所实行的睦邻和富邻的周边政策。我们认为中国的周边政策会进一步提升中蒙全面战略伙伴关系，并且为双边关系增添新的内涵。中方提出并且不断推进的"一带一路"倡议可以发挥重要的作用。加强地区和全球的和平和安全，促进经济增长，主要可以通过促进基础设施建设、贸易、投资以及金融合作和人文交流来实现。因此蒙古从一开始就支持"一带一路"倡议，并且我们也在寻求把蒙古自己提出的发展计划和"一带一路"倡议进行对接。我们现在正在推进中蒙俄经济走廊这样一个项目，这个项目总共会实施32个具体的合作项目，我们三个国家已经确定了三大合作重点，在未来将予以推进。其中包括蒙古铁路现代化项目和蒙古公路建设项目，这样可以连接中俄的公路以及中俄之间的输电线路。蒙古也在推进"一带一路"框架下便于政府官员以及企业家出行的计划,以方便相关的人员参与相关的活动。按照"一带一路"通行便利化倡议,我们在边境的进出口和出入境管理方面将会建立一个特殊的通道,并进一步简化签证手续。人文交流至关重要,我想强调我们应该努力组织更多的文化、体育以及旅游活动,进一步加强我们之间的相互了解和友谊。

女士们、先生们,本届年会的主题是"开放创新的亚洲,繁荣发展的世界"。我们看到,在过去的40年,亚洲的经济实现了迅速的增长,在全球经济中的体量不断上升,但是也面临着很多挑战,我们必须要实现可持续的经济发展,这样就需要找到新的增长引擎,推进经济结构改革进一步深化,实现创新驱动发展。在蒙古,我们也致力于打造一个有利的法律环境,来促进全国的创新、发展。我们在2012年颁布了创新法,这个法律鼓励企业充分地进行创新。我们还制定了一系列的激励措施。创新主要是由创新人员和科学家完成的,但是它的影响是跨越国界的,所以蒙古非常希望能够进一步和邻近区域国家加强创新方面的合作。在我访华期间,我们双方签署了产能合作以及投资合作的政府间合作协议,我相信上述协议的签署将会提供新的动力,加强双方的合作,使得创新能够尽快地转化为产业,并且催生新的先进技术的出现。

蒙古近几年遇到了一些经济方面的困难，但是我们的经济已经开始复苏，我们的政府和人民进行了重大的政策改革和合作，并且和地区、世界金融组织也进行了合作。我们2016年的GDP增长率是1.2%，2017年提升到了5.3%，我们的外贸同比增长了27%。我们也看到一些非常积极的趋势，包括在财政收入、外汇储备以及通胀方面都做得比较好，外国直接投资达到了15亿美元，与2016年相比增长了2.5倍，这意味着投资者的信心在不断地回升。我们的政府将会进一步推进这些重大的政策来建立稳定的投资环境，保护投资者的合法权益。蒙古的经济主要依赖矿产业，这对我们来说是一个挑战，我们必须要解决这个问题才能够实现可持续发展。从这个意义上来说，我们正在推动经济的多元化，我们希望更多地发展农业、食品、轻工业以及旅游业，使之成为新的经济发展的支柱。

女士们、先生们，亚洲国家实现了快速的经济增长，而且是在短时间内实现了这样的增长，因为我们寻求经济一体化以及贸易和投资便利化。现在我们看到在一些国家和地区，保护主义的倾向在上升，亚洲国家需要团结一致，来促进更加开放和包容的贸易和经济关系，这对于全球发展是至关重要的。在亚太地区有一些机制，比如说亚太经合组织和东亚峰会，还有其他的一些贸易组织和贸易安排，比如说跨太平洋伙伴关系、地区全面经济伙伴关系以及亚太自贸区，这些安排主要包括发达的国家，而一些较小的发展中国家被排除在外，我们认为这种并不包容的做法应该有所改变。

最后我想重申，蒙古致力于进一步推进互利共赢的经济合作，积极参与地区的政治和经济发展进程，我们非常希望能够和邻国以及地区国家开展广泛的互利共赢的合作。谢谢各位！

荷兰首相吕特先生致辞

尊敬的习近平主席、彭丽媛女士,各位阁下,女士们、先生们,我非常荣幸能够再次参加博鳌亚洲论坛。这一论坛致力于促进亚洲的经济发展和全球经济合作,从2015年我首次造访这里以来,世界经济保持了快速的复苏,同时亚洲和欧洲的关系取得了长足发展,然而诸多挑战依然存在,其中至关重要的一点就是自由和公平贸易。荷兰历史上最杰出的人物之一就是法学家雨果·格劳秀斯,早在17世纪他就提出了人员和货物自由流动的国际原则,他极为赞赏亚洲人民尤其是他们的创造力。在那个时代,人们对彼此经济和文化的了解还很有限,然而即便如此,格劳秀斯那时就认为中国人民是世界上最具智慧的人民。开放和探索的精神是本论坛主题的核心，我坚信自由公平的贸易关系能够促进这些理念。格劳秀斯在四百年前就对此做出了阐述。保护主义在历史上曾多次出现，但是历史告诉我们，贸易壁垒阻碍的不仅是市场，还有人员和思想，保护主义只会阻碍进步。我相信国际贸易不应是一种零和游戏，自由贸易不是说如何分蛋糕，而是如何把蛋糕做大。自由公平的贸易能为各方带来附加值。我讲这番话是以一个开放的贸易体的政府首脑的身份，荷兰的国民收入和工业近1/3依赖进出口，这样的开放使荷兰成为经合组织中最繁荣的国家之一。我也以欧盟创始国代表之一的身份讲这番话。欧盟是一个有着5亿富裕消费者的开放的单一市场，欧盟致力于全球自由公平的贸易，欧盟也缔结了惠及各方的贸易协定。当前贸易保护主义是我们面临的一个重要挑战。如今地理界线的作用越来越小，在当今数字经济的时代，边界越来越不重要，企业可以选择在哪里投资兴业，信息和知识可以便捷地传播，所以贸易壁垒确实与当今时代不符。荷兰一直是一个开放的经济体和发达的物流枢纽，将来也会如此。对于很多亚洲企业来说，鹿特丹是进驻欧洲的门户，集装箱源源不断地从鹿特丹通过，从亚洲输往欧洲，这说明了这一关系的重要性。荷兰也是一个数字知识枢纽，在荷兰几乎人人上网，这种互联互通对于国际贸易的重要性不断上升。

今天我想发出两个重要信息：第一，我呼吁你们，也就是我们的亚洲伙伴和朋友能够重申我们对自由公平的多边贸易体系的共同期盼。开放和创新对于世界的繁荣至关重要，因此此次论坛的主题具有十分重要的现实意义。然而践行这些理念仍然有很大的挑战，我们应该携起手来共同促进跨境数字贸易、服务贸易、知识转移以及透明和公平的竞争。荷兰一向欢迎这些领域的相关倡议，本着这样的精神，我们将在欧盟探讨如何在习主席的"一带一路"倡议下进行更好的合作。

第二，我们应该共同重申和支持世贸组织的使命，也就是开放、自由、共赢的贸易。在一个数字联通的复杂世界，这一使命的重要性丝毫未减。这一使命符合亚洲、欧洲和世界其他地区的共同利益。

女士们、先生们，格劳秀斯曾经写书阐述人员和货物自由流动的重要性。几乎是在同样的时间，第一批荷兰商人抵达亚洲，在海南登陆，在这里进行贸易，相互学习。400年之后，我们来到这里进行同样的努力，打造新的伙伴关系，我认为自由公平贸易中的合作是前进的最佳路径。谢谢！

巴基斯坦总理阿巴西阁下致辞

尊敬的习近平主席阁下、尊敬的彭丽媛女士，各位尊敬的领导、各位阁下，女士们、先生们！

今天的博鳌群贤毕至，受到邀请参会我感到非常的荣幸。首先我要感谢我们的论坛主办方，中国政府和博鳌论坛给我们的热情和盛情的款待。

我非常高兴能够来到风景秀丽的海南，海南以它的进取精神以及充满活力的人民而闻名，海南所实现的沧桑巨变是中国乃至亚洲变革的重要缩影。我要衷心地祝贺习近平主席，"两会"胜利闭幕，习主席再次当选中国的国家主席。我相信在习主席的卓越领导下，中国将会继续在民族复兴的征程中迈进。

博鳌论坛是聚焦亚洲的主要的对话平台，今年论坛的主题"开放创新的亚洲，繁荣发展的世界"，正是反映了这种现实，也展示了光明的前景。当今社会人类面临新的技术飞跃，其中包括第四次工业革命和人工智能、机器人、生物技术、量子计算，这些新的高科技将会极大地改变我们的生活，这些新生的力量也催生着新的治理和商业模式。现在的全球经济形势不容乐观，以世界贸易组织为支撑的贸易体制正在面临被削弱，国家之间以及国家内部的贫富差距在不断地加大，保护主义的阴云在不断积聚。随着一些国家内部保守倾向的上升，反全球化倾向加剧，亚洲国家面临着一个战略的抉择：我们是要随波逐流，还是努力打造更加充满希望的未来？

女士们、先生们，亚洲拥有众多的人口，亚洲的自然资源非常丰富，我们拥有陆海贸易的交通要道，亚洲正在逐渐成为世界经济秩序的中心。在2017年，世界经济增长的1/3来自亚洲，其中主要来自中国。随着亚洲世纪的到来，我们有责任来发挥我们的潜力，使得亚洲的智慧能够重新焕发光彩。我们要采取协调的有针对性的措施，顺应人民对于美好生活的共同期待，充分发挥人民的开拓精神。这些政策应该包括结构性改革，加强地区的机制建设，促进互联互通，充分发挥高科技的作用和人力资本的潜力。

女士们、先生们，中国的迅速发展和国际地位的上升让巴基斯坦人民感到欢欣鼓舞和无比的自豪。经过40年的改革开放，中国实现了令人羡慕的增长，成功地使数亿人脱贫，并且改变了全球经济的面貌。现在在应对气候变化、全球贸易、促进公平发展和可持续发展方面，中国也发挥了全球的领导力。我很高兴本届年会能够聚焦中国的成功经验，这些都是我们值得学习的。习主席所提出的具有历史意义的"一带一路"倡议已经成为全球公共产品，这个倡议的目标是实现共享，在这个不公平的世界实现平等。这个倡议极具前瞻性，它面向未来，是一个互利共赢的倡议、共同繁荣的倡议。巴基斯坦认为这一倡议将会造福我们的子孙后代，也将会塑造21世纪。亚投行和丝路基金是随之而来的创新性的融资平台。

女士们、先生们，在历史的长河中，巴中关系独一无二，无可比拟，在方方面面关系上我们都是铁杆兄弟。巴中友谊是地区战略稳定的基石，巴基斯坦完全有理由做中国伙伴关系的先行者，通过互联互通开启本地区和平稳定的新时代。现在我们正一步一步，一砖一瓦，打造一个新的亚洲。中巴经济走廊是"一带一路"倡议的旗舰项目，而这一走廊的建设也取得了积极的进展，树立了一个开放、协调、包容、共赢的发展模式。在中巴经济走廊的最南端，瓜达尔深水港的建设正在迅速推进。瓜达尔港建成后将会成为重要的转运枢纽，也会成为经济核心，除了巴基斯坦之外，将会提供海陆最快的交通方式以连接中国的西部、中亚、南亚以及中东地区。我们已经开始收获铁路、公路、基建项目的红利，这个项目的投资以及带动效应创造了大量的就业机会，并且为巴基斯坦新增了一万兆瓦的发电能力，缓解了我们长期的能源短缺问题。在高速公路及其沿线建立经济特区也是中巴经济走廊计划的一部分，巴基斯坦将为经济特区的建设提供量身定制的激励措施，我们坚信经济特区将会进一步促进我们创新驱动产业的发展。

女士们、先生们，巴基斯坦的经济年均增长是 6% 左右，是近十年来的新高。我们的资本市场也实现了飞跃，在迈进新兴市场的过程中，在中期我们的增长率预计将超过全球的平均水平，在 2025 年，巴基斯坦将会成为世界第十五大经济体。我们有 2.07 亿人口，反映出我们有丰富的人力资源和巨大的潜力，还有巨大的消费市场，这些内生的力量都意味着巨大的商机。比如说电信和信息技术产业，我们的手机用户是 1.4 亿，互联网以及宽带的服务现在已经遍布全国，我们的电子商务现在已经达到了几十亿美元的产值。最近一些巨型的企业比如阿里巴巴和其他的电信企业对在巴基斯坦开展相关业务也显示出了强烈的兴趣。我们非常希望能够进一步吸引外资，我们也欢迎全球的企业家和投资者能够投资于我们的经济特区。

互联互通是我们发展计划的基石，我们也加入了多个组织，其中包括经合组织、南亚区域合作联盟以及上海合作组织，我们希望能够促进高速公路、铁路、电网互联互通，而这些互联互通的网络能够延伸到整个地区。正是基于这样的原因，我们支持跨地区的项目，比如说土库曼斯坦—阿富汗—巴基斯坦天然气管道，中亚—南亚输变电项目。我们已经是上合组织的成员，我们愿充分利用这一平台，加快地区的互联互通。女士们、先生们，我坚信发展和安全是密不可分的，我们只有通过共同分享开放贸易和创新的红利才能够促进宽容、友好，才能够抵御极端主义，中巴阿三方合作正是致力于实现上述的目标。

女士们、先生们，古代的丝绸之路给了我们重要的启示，也就是说开放才能够孕育创新，文化、商业、思想和信息、商品和服务、消费和资本必须要自由地流动，相互交融。丝绸之路是我们值得自豪的共同的传承，"一带一路"倡议给我们提供了很好的机会，在光荣的历史基础上再创辉煌的未来。

最后我想引用中国的一句古话：要移山先移石。现在我们应该遇石移石，遇山移山，共同前进，谢谢！

新加坡总理李显龙致辞

尊敬的习近平主席，彭丽媛女士，各位领导人，女士们，先生们，今年博鳌亚洲论坛的年会主题"开放创新的亚洲，繁荣发展的世界"，非常具有现实意义，感谢习近平主席刚才发表的主旨演讲以及其他领导人发表的见解，他们都从各自不同角度就共同主题发表了自己的看法。亚洲经济表现超过其他地区，主要是得益于开放，各个经济体都是得益于开放。特别是中国，中国40年改革开放使得中国经济实现了快速的发展。而其他的国家，像印度，以及东南亚的一些国家，也是采取了类似的经济开放的政策，实现了繁荣。

在国际层面，各国都受益于国际体系，也促进地区各国之间的相互合作。合作也加强了亚洲国家之间的相互依存，与世界其他的主要大国，像美国、欧洲和其他的一些大国之间的联系也日益紧密。据世界银行的预计，今年亚洲经济增长将会达到 6.2%，是全球 3.1% 的增长率的两倍。但是要维持亚洲地区的活力，亚洲国家要继续保持开放，继续加强相互的联通，而且仍然要坚持以世贸组织为基础的多边贸易体系以促进全球的贸易发展。但是这一切都不是自然而然就会出现的，要继续维持经济增长的势头，各国要与时俱进，要根据时代的变化来调整自己的政策，实现经济的平衡发展。

我们看到，在这一个地区，影响最深远的一个变化就是中国的崛起。自从中国 2001 年加入了世界贸易组织，可以说它唤醒了世界的经济，而且中国在全球贸易当中的份额也是大幅增长，不仅仅是让中国受益，同时也让世界许多其他的国家受益，包括新加坡同样如此。中国在全球经济当中的份额会继续增加。而整个战略的平衡，也因此向亚洲、向中国倾斜。这也给其他的一些国家增加了期待，它们会更加关心中国的市场开放对全球经贸体系会产生什么样的影响。

中国也已经认识到自己是全球化的一个最大的受益者，如果全球的经贸体系不复存在的话，也会影响到中国的利益。去年在达沃斯论坛上，习近平主席也阐述了中国对于多边主义和开放的一些立场。中国提出的设立亚投行和"一带一路"倡议，是中国对于地区繁荣和地区经济架构所做的非常重要的两个贡献。

亚洲各国之间的经贸联系，以及日益紧密的相互之间的关系，对于中国的发展也是有益的，可以帮助中国更好地融入世界的经济体系当中，同时与邻国开展互利合作。正是这个原因，新加坡作为创始成员国加入亚投行，也是最早支持"一带一路"倡议的国家之一。最近"两会"刚刚在中国成功举行，在"两会"上中国的领导人和各级官员，都再次重申了中国要进一步开放的决心。今天我们也非常高兴听到习近平主席再次重申这一承诺，而且也宣布在金融领域、保护知识产权，以及加强进口这些方面的一些重大的举措。这也充分说明了中国会继续朝着开放的方向前进。我们也希望看到这些措施能够早日落地，早日产生实质成果。

当然，我们也看到现在中国和美国之间有一些贸易摩擦，美国也宣布了一些对来自中国出口产品提高关税的单边措施，虽然号称是对世界各国，但是主要是针对中国。中国也采取了一些反制措施，这一应对措施是非常谨慎的，而且也是非常合理的。但是现在中美之间的经贸争端仍然存在，大家都希望这两个国家以互谅互让的精神避免经贸摩擦进一步升级。新加坡并不认为单边征收关税是一个正确的选项。单边的关税不符合世贸组织的规则，经贸的争端应当在世贸组织的框架内来解决。

从更深层意义上来说，中美之间双边贸易不平衡，这样的观点其实是不合理的。对于一个国家来说,它应当关心的不是和某一个具体的经贸伙伴间的贸易平衡,而是与世界所有国家的整体的贸易平衡。与此同时,经贸不平衡的深层次原因在于全球经济结构和全球贸易结构。比如说一个国家,如果消费比生产的更多,自然就会有一种不平衡或者说逆差的现象。

美国提出的这些措施,在国内还是得到了不少人的支持,反映了美国国内的一种情绪的变化。首先,它反映了一系列深层次的原因。在过去,中国占全球 GDP 的 5%,现在已经是 15%,而且还会继续增加,所以人们对中国的态度就会发生变化。过去支持中国加入世贸组织的美国企业,现在感觉处于一种比较被动的状态,它们感到中国的市场对各国企业并不是公平的,包括在市场准入方面还有一些限制,特别在技术领域方面对各国企业并不是一视同仁,并不是一个公平竞争的环境。

中国和美国的贸易战,我觉得并不是不可避免的。但是一旦出现贸易战,它会破坏全球贸易体系,而且也会影响到全球经济的繁荣。世界上所有的国家,无论是大国还是小国都会受到影响。我们也看到,现在多数的亚洲国家,都是继续坚定支持自由贸易和经济合作,这一点让人感到非常欣慰。而且我们中的一些国家正讨论全面进步的跨太平洋伙伴关系协定以及区域全面经济伙伴关系协定,这两个协定非常重要，但是如果出现中美贸易战，损失将不可估量，两个经济协定都无法弥补这个损失，所产生的后果难以预计。中国和美国之间的双边关系，可以说是世界上最重要的双边关系，如果出现贸易战自然会在方方面面影响双边关系，而且会妨碍两个国家在气候变化、防止核扩散、地区安全、无核化、朝鲜半岛无核化等一系列领域开展合作。这些问题如果没有中美两国的全情参与，是无法得到解决的。如果中美之间的争端进一步升级，破坏了中美关系，对于整个世界的后果也是灾难性的。

当然，大国之间有竞争是很正常的，不过这一种竞争放在相互依存的这样的一个框架下，以及以规则为基础的框架下进行是最重要的。因为只有这样一个框架下的竞争，才不会影响全球的稳定与发展。

中国的一个优势就是一直用战略性和长远的眼光看问题。中国也致力于推动加强全球经贸体系，在当前的这个时期，这一点尤为重要。对于国际关系来说，现在是一个面临考验的时刻，我希望中国能够妥善处理好这一问题，保护自己的利益，同时也保证全球体系的开放和包容性，这样能够创造一个良好的国际环境，有利于中国实现自己的两个百年目标，同时也帮助其他的国家，能够在一个稳定、和平的世界环境中实现自己的经济发展。谢谢！

联合国秘书长古特雷斯先生致辞

尊敬的习近平主席,各位国家元首,政府首脑,女士们,先生们,我非常荣幸也非常高兴能够和大家共聚一堂。

这一论坛的议程,反映了正在进步的亚洲的活力和乐观向上的精神。今年是中国改革开放40周年,就像之前的发言人讲到了,我们在当今的中国看到的是变革,同时也看到了中国与世界关系的变革。我去年5月有幸参加了"一带一路"论坛,那个时候我就看到了这一点。"一带一路"倡议能够连接亚洲、欧洲和非洲的人员和市场,这一雄心勃勃的倡议,可以助力实现一个更公平、和平和繁荣的世界。

女士们,先生们,我深信全球化是不可逆转的。全球化带来了很多利益，包括世界经济的一体化，贸易的发展和传播与技术的进步，数亿人成功脱贫，更多的人寿命更长、生命更健康，还有全球的中产阶级在不断发展壮大。但同时还有不少人被落在了后面，不公平是系统性的，而且还在加剧。所以我们的目标应该是一个公平的全球化，在这样的全球化当中没有一方落下，我们一起努力来实现一个各国人民都能够享受的可持续的发展与和平。但是通过孤立主义、保护主义和排外主义，我们是无法实现这样的全球化的。全球的问题需要全球多边解决方案，联合国对公平的全球化的贡献就是《2030议程》。这一议程中有17项可持续发展目标。《2030议程》就是我们为实现全人类和全世界和平繁荣与合作的蓝图。很多国家包括中国，都向我们展示了变革是可能的，但是所有的国家都需要更加努力来确保进步的成果能够惠及所有人，只有这样我们才能够实现《联合国宪章》、《世界人权宣言》和《2030议程》的承诺。中国2020年之前的扶贫计划，表明完全可以做到一个也不落下。

女士们，先生们，我们必须认识到，当前我们面对着一个挑战，这个挑战有可能使我们所有在减贫、和平和推动人类福祉方面的努力付诸东流，这个挑战就是气候变化。气候变化本身是一个全球威胁，这一威胁还能够放大其他的很多威胁，包括贫困、人道主义危机和地区冲突。所以在2015年，各国政府签署了《巴黎协定》，但是我们要指出，气候变化发展的速度比我们行动的速度要快，大气中的二氧化碳含量目前是 80 万年以来的最高值。在我们通过《巴黎协定》的时候，我们都一致认为我们有能力把全球温度升高控制在 2 摄氏度以内，甚至努力做到 1.5 摄氏度。但是现在科学家们很担心，《巴黎协定》的目标也许无法达成，除非在 2020 年之前我们做出更大的努力，我们需要更大的决心和雄心。好消息是随着技术的发展，清洁和绿色能源比以往价格更低、更具有竞争力。但是我们看到，针对化石能源，仍然有很多的投资和补贴。这种自相矛盾的做法可以说是在为我们自掘坟墓，所以我不断呼吁世界各国的领导人，能够采取切实行动进行减排。这方面要感谢中国在全球层面的领导力，《巴黎协定》达成之前和达成之后，中国在政治和实践层面都发挥了巨大的作用，尤其在可再生能源方面制定了雄心勃勃的目标。大家知道明年将召开气候峰会，目的是为了坚定决心和雄心。这是科学的需要，是全球经济的需要，也是人类的需要。

全世界都需要努力做到最好，要重视合作。我们必须要应对气候挑战，要达成可持续发展目标。这一论坛是我们实现人类命运共同体所做的努力，感谢你们的承诺。

国际货币基金组织总裁拉加德女士致辞

尊敬的习近平主席,彭丽媛女士,各位阁下,各位嘉宾,大家上午好!

66%,3.9×2就是亚洲。什么意思?亚洲贡献了2/3的全球增长,预计今年将会实现3.9%的增长率,明年也是如此,这就是亚洲的重要性所在。上世纪的一位法国女作家曾经说过,40岁你的人生才开始。刚刚习近平主席也指明,在中国改革开放40年的进程,以及未来的进程中,创新、包容这些都是中国在大力提倡的。这并不是一般意义上泛泛地这么讲,而是非常具体的。习主席提到了一些具体的领域,如保险、汽车、金融,在这些领域减少限制,减少壁垒,提供更加公平的营商环境。您大力倡导开放，这些都是具体的举措，所以我们也要同等地务实。我们来看看弥合会带来什么好处呢？这里的弥合指的是弥合鸿沟。当今世界有三大鸿沟需要我们弥合。第一个鸿沟就是数字鸿沟，特别是在金融领域。和其他地区相比，亚洲可能是数字鸿沟最小的，但是如果能够弥合数字鸿沟的话，特别是如果能够采取对女性有利的政策的话，甚至还能进一步缩小这种鸿沟。国际货币基金组织的分析显示，如果亚洲金融普惠程度最低国家与程度中等国家拉近彼此之间的差距，那么，其人均GDP可能会提高整整一个百分点。

第二个鸿沟是监管方面的差距。在亚洲，我们看到金融科技在蓬勃发展，这些金融科技的发展，也暴露了监管的缺失。在跨境监管方面，如果缺失的话可能会造成系统性的风险。这是要避免的，要更加安全地进行交易，同时更加包容。

第三个鸿沟就是在创新领域。我们发布了新的国际货币基金组织的调研报告。跟以往不同，这一个报告没有聚焦于贸易，而是增长。这个报告指出，贸易通过促进技术的分享，极大地促进了增长，这是另外一个需要弥合的鸿沟。到目前为止，新的技术和创新只属于少数国家，这一状况正在发生变化。世界上2/3的机器人应用于亚洲，主要是在韩国、日本和中国。这一种趋势应该持续下去。通过贸易，创新成果可以进一步被分享，亚洲可以成为技术的进口方，同时也是技术的出口方。

习近平主席，您刚才也提出了一系列的倡议，比如保护知识产权、对中外公司一视同仁，如果能够落实这些政策的话，各方都会受益。所以在经历了40年的成功之后，希望中国下一个40年还会取得进一步的成功。谢谢。

沙特基础工业公司副董事长兼首席执行官阿尔拜延先生代表企业家发言

尊敬的习近平主席，博鳌亚洲论坛福田康夫理事长，各位嘉宾，女士们，先生们，早上好！

首先请允许我对中国今年全国"两会"的圆满闭幕致以最诚挚的祝贺，同时也祝贺习主席成功连任中华人民共和国主席以及中华人民共和国中央军事委员会主席。

与博鳌亚洲论坛结缘10年，并且连续5年成为战略合作伙伴，沙特基础工业公司深感荣幸与自豪。亚洲一直以来都是世界经济的成功典范，而亚洲以及世界经济的繁荣，也大部分源于中国。40年前改革开放政策的实施，为中国经济种下了腾飞的种子。打造一个开放与创新的世界，是这个时代的必然选择。因为我们这个星球所面临的挑战是真实存在的，而且随着时间的推移，它还会愈演愈烈：人们既需要汽车、智能手机和住房，也需要健康的食物、干净的饮用水和清洁的空气。

通过传统的手段来满足这些需求，会给地球的自然资源，甚至社会资源带来难以承受的压力。因此创新的解决方案变得至关重要。这就需要在区域以及全球范围内，通过协作来全面地开展明智并富有针对性的投资活动。为了满足这些未来的需求，沙特和中国都在全国范围内推行雄心勃勃的转型计划。沙特所提出的2030愿景经济发展项目，与中国的"一带一路"倡议高度契合，能够帮助沙特加强与中国以及相关区域国家的伙伴关系，并且增进战略互动和互惠互利。而沙特基础工业公司则希望成为实现这些宏伟蓝图的主要推动者。

去年我们与中石化集团签署了战略协议，约定共同探索在沙特和中国开展合作项目的机会。强化这种纽带关系，能够为我们各方都带来成长和改变。在共同创新的同时，也能够建立起持久的伙伴关系。在接下来的几天时间里，让我们共同讨论并且分享各自的观点，这不仅是为了我们的自身利益，同时也是为了整个世界的利益。

最后我谨代表沙特基础工业公司，以及所有的与会企业，祝愿今年的论坛，以及所有在座的各位都取得圆满成功。谢谢。

2018年4月9日上午,根据会员大会选举结果,博鳌亚洲论坛产生新一届理事会

2018年4月9日,在博鳌亚洲论坛新一届咨询委员会会议上,福田康夫当选咨询委员会主席,曾培炎当选副主席

第八任联合国秘书长，博鳌亚洲论坛理事长 潘基文

全国政协副主席，中国人民银行原行长，博鳌亚洲论坛副理事长 周小川

中国外交部副部长，博鳌亚洲论坛秘书长 李保东

第一部分

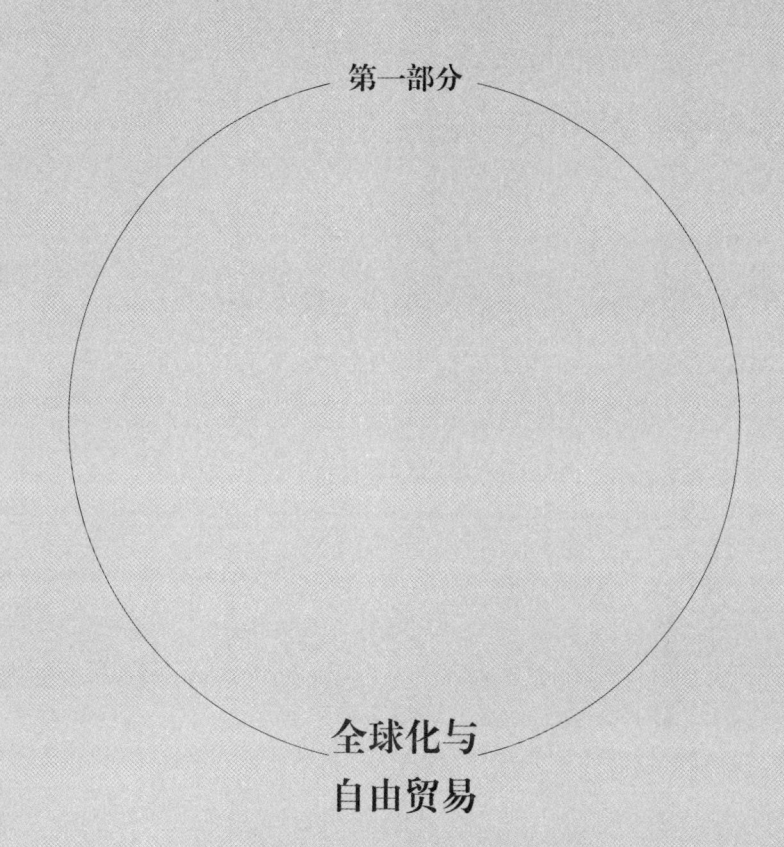

全球化与
自由贸易

1.
"一带一路"带来新机遇

"一带一路"倡议是中国为推动经济全球化深入发展而提出的国际区域经济合作新模式,是中国新时期全方位扩大对外开放战略的重要组成部分。"一带一路"倡议包含政策沟通、设施联通、贸易畅通、资金融通、民心相通等广泛系统的合作内容,旨在促进经济要素有序自由流动、资源高效配置和市场深度融合,传递出做长发展中国家经济增长"短板"以培育全球经济新动力的新思路。通过推动开展更大范围、更高水平、更深层次的区域合作,共同打造开放、包容、均衡、普惠的区域经济合作框架。"一带一路"倡议提出四年多以来,已经有100多个国家和国际组织积极参与投资,有74个国家和国际组织与中国签署了"一带一路"合作文件。

根据官方统计,2018年前两个月,我国对"一带一路"建设沿线国家合计进出口1.26万亿元,同比增长21.9%,高于整体增速5.2个百分点。2018年1月,我国企业对"一带一路"沿线的46个国家合计非金融类直接投资12.3亿美元,同比增长50%,占同期总额的11.4%,主要投向新加坡、马来西亚、老挝、越南、印度尼西亚、巴基斯坦、斯里兰卡和伊朗等国家。对外承包工程方面,我国企业在"一带一路"沿线国家对外承包工程新签合同额45.9亿美元,占同期我国对外承包工程新签合同额的39.3%,同比下降19%;完成营业额58.6亿美元,占同期总额的56.5%,同比增长58.4%。

"一带一路"沿线国家巨大的合作潜力和经济实力将成为亚欧地区乃至世界的贸易增长源,而且这种以线带面的合作模式将进一步培育国内、区域乃至全球范围新的经济增长点。

以"基础设施建设"开局

亚当·斯密与大卫·李嘉图等古典经济学家普遍认为,国家财富的产生有赖于一整套健全完备的社会分工。而只有正常的商业流通(包括交换与贸易)才能促进社会分工,刺激生产,发挥交换各方不同的比较优势,不断创造出新的商品与服务,增加社会财富。商业流通的实现既取决于自由贸易政策,也依赖于能够实现自由贸易的客观条件。毋庸置疑,畅通可靠的基础设施建设是其最为关键的客观条件。道路、桥梁、隧道、航道等交通设施的顺畅，石油、天然气、煤炭及电力能源的开发和稳定供给，计算机、通信、网络等信息产业的硬件设施等，是现代社会商业流通的基础。

一些"一带一路"沿线国家正是由于受到基础设施缺乏等硬件条件与体制政策不完善等软件条件的制约，发展潜力未能得到充分释放，也使得它们在全球化的今天没能很好地搭上经济快速发展的列车。亚洲开发银行最近的一份报告指出，45个亚洲国家在2016—2030年间共需投资26万亿美元来解决基础设施的不足，其中2/3投入在电力、道路和铁路上。而这些领域都是中国目前拥有比较优势的领域，为中国企业参与"一带一路"基础设施互联互通和拓展国际经济技术合作新空间提供了强大动力。

在本届博鳌亚洲论坛CEO圆桌之"一带一路"成功案例与经验分享的讨论中，吉尔吉斯斯坦前总统阿坦巴耶夫赞赏"一带一路"倡议为沿线国家，尤其为吉尔吉斯斯坦带来了积极的影响。过去吉尔吉斯斯坦没有完善的公路和能源网络，极大地影响了国内各个州的联络与发展，也给人民生活带来极大的不便。在"一带一路"建设的带动下，在中国的大力帮助下，他表示，现在的吉尔吉斯斯坦已经建立了一个统一的交通系统和完善的电力系统。据官方报道，中吉最大的能源合作项目比什凯克热电厂改造项目于2017年8月30日全面竣工投产。改造完成的比什凯克热电厂把发电量从每年 2.62 亿度提升至 17.4 亿度，成为吉尔吉斯斯坦首都比什凯克第一座现代化热电站。不仅如此，通过公路等交通干线的建设，以及未来通过建设"中吉乌铁路"（即中国、吉尔吉斯斯坦到乌兹别克斯坦铁路），吉尔吉斯斯坦将置身于一个全球化的交通系统，真正享受到"一带一路"倡议所带来的优势与福利。

巴基斯坦的计划与发展部部长伊克巴尔先生指出，"一带一路"倡议背后的哲学理念就是要在当前全球经济停滞不前的情形下，主动打造新的市场，打造出新的需求，从而带来新的增长。他强调"一带一路"倡议的根本就是互联互通，只有通过建设互联互通的项目才能够创造新的市场，所以，中国—巴基斯坦经济走廊帮助巴基斯坦创造了新的市场，打造了新的需求。比如巴基斯坦过去面临着非常严重的能源危机，断电停电的情况非常严重，现在通过中巴经济走廊，将帮助巴基斯坦克服长期困扰该国的电力短缺问题，进一步推动其经济社会的发展。通过建设中巴高速公路以及打造 9 个经济特区（其中有中国的投资和技术，再结合巴基斯坦的本地劳动力优势以及地理优势）将中国的各个行业与中亚连接在一起，在巴基斯坦就能够打造一个很有竞争力的工业集群，造福巴基斯坦和中国，乃至周边区域。

中远海运副总经理俞曾港介绍了希腊比雷埃夫斯港在得到中国投资后的建设与发展情况。他表示，通过建设中欧快线，先通过海运把中国的货物运到比雷埃夫斯码头，把货物卸下来以后，通过铁路直接送到东欧和南欧，这样运输时间就缩短了，比原来全水陆运输缩短了 11 天左右。与铁路货运相比，虽然增加了 4 天，但降低了成本，充分体现出"中国制造＋中国服务"为"一带一路"提供全方位服务的发展战略。

国家电网副总工程师朱光超向与会嘉宾重点介绍了国家电网公司围绕"一带一路"在境外的基础设施投资建设的进展。国家电网投资运营了菲律宾、巴西、葡萄牙、意大利、澳大利亚等 7 个国家和地区的骨干能源网，到现在为止境外投资总额 195 亿美元，境外资产总额 650 亿美元。他同时表示，"一带一路"建设要符合习近平主席提出的建成绿色之路的要求。比如，国家电网公司在埃塞俄比亚利用其高压输电技术建设的复兴大坝水电送出工程，将埃塞俄比亚境内尼罗河的水力开发然后把电力输送到能源短缺地区，从而促进了可再生能源、清洁能源的利用，得到了包括世界银行以及非洲多数国家的高度评价。巴西美丽山水电站特高压送出工程，使用的是国家电网的特高压技术，把亚马孙流域的水电远距离（2000 公里）输送到巴西东南部的圣保罗和里约热内卢地区，把巴西北部丰富的水资源变成清洁能源，解决了巴西东南部的电力负荷和需求问题。这项工程也创造了国际产能合作、创新绿色发展的新典范。

中国进出口银行董事长胡晓炼则从不同的案例入手，强调"一带一路"建设是一个机遇与风险并存的旅程，只有靠商业化、市场化的运作才能有效地进行风险管控。如中俄亚马尔液化天然气 LNG 项目和中巴卡洛特水电站，都是通过国际多方共同参与，并在项目的实施过程中采用国际标准来保证项目的顺利完成。位于中巴经济走廊上的卡洛特水电站是"一带一路"首个水电大型投资建设项目。中国采取了把政策性金融、开发性金融、股权投资以及国际金融中心（IFC）联合起来为项目提供融资的方式。这个项目总投资14亿美元左右，中国进出口银行提供的是政策性的金融支持，国家开发银行是按照中国的开发性金融的方式，私募基金提

胡晓炼在 CEO 圆桌会议上发言

供股权融资，IFC也提供了贷款。这个项目一方面得到所在国的积极支持，另一方面建立了较好的风险管控机制，为实现中长期合理的投资回报打下了基础。

胡晓炼总结指出，"一带一路"的项目首先要契合所在国的需要，满足其真正的需求；此外，项目要把商业化的资源、政策性的资源，以及国际上的资源联合起来，共同建设。

未来能源合作的新趋势

自2013年以来，习近平主席提出的"一带一路"倡议，已由倡议变为行动，由理念转为实践，发展为开放包容的国际合作平台，成为各方普遍欢迎的全球公共产品。作为中国对外开放的重点领域之一，能源领域的国际合作是"一带一路"建设的重中之重，在有关国家政府、企业、智库的共同努力下，能源合作已经成为"一带一路"建设的亮点和明星合作领域。

中国国家能源局局长努尔·白克力在CEO圆桌之"能源资源：'一带一路'的新丝绸"分论坛讨论中表示，在"一带一路"倡议的鼓舞下，中国与有关国家已经建立了56个双边能源合作机制，参与了29个多边能源合作机制，签署了100多份合作协议，一批有影响力的标志性项目顺利落地，能源投资、技术、装备和服务合作水平不断提高。能源合作已经成为"一带一路"建设的亮点和明星合作领域，正在给各方带来看得见、摸得着的实惠。

努尔·白克力强调，在"一带一路"能源合作框架下，能源转型和能源变革将是未来的焦点。

第一，未来能源的合作，特别是"一带一路"框架下的能源合作，一定要坚持创新，利用世界科技飞速发展的机遇，在能源技术方面加强合作，力争实现新的突破，为能源的可靠供应和可及性奠定坚实的基础。

第二，未来的能源合作要协调发展，特别是在一些政策、规划方面要加强沟通，采取一致行动，实现共同目标。

第三，要坚持绿色发展，特别是在转型过程当中应该更多地采用清洁能源，坚持低排放甚至零排放。能源的开发绝对不能以牺牲环境为代价。

第四，坚持开放发展，也只有在开放发展的前提下才能实现最大限度的互利共赢。

俄罗斯天然气工业股份公司董事长维克多·祖布科夫在分论坛上也希望在"一带一路"倡议下与中国加强合作，从天然气能源到基础设施建设领域，建立一个安全的、绿色的线路，也就是在"一带一路"沿线，从中国到俄罗斯再通向欧洲，建设一条绿色的输气通道，取得能源合作实实在在的成果。

维克多·祖布科夫在 CEO 圆桌会议上发言

中国宝武钢铁集团有限公司总经理陈德荣在"大宗商品'新周期'？"分论坛指出，传统的以油气和钢铁为代表的传统工业化时代已经过去了，人类未来应该进入一个以新能源、新材料为代表的互联网数字经济的时代，传统的钢铁产品生产必须适应这样一个变化，宝武钢铁集团未来将会更多地追求绿色能源。

欧亚资源集团 CEO 贝内迪克特·索博特卡也强调新能源的重要性，他认为，未来 5 年或者是 25 年中，中国必须要在全球成为低碳经济领先的国家。中国的污染已经成为一个社会问题，社会问题就是政治问题。中国的低碳经济才刚刚开始，政府应该支持低碳行业的发展。

维克多·祖布科夫则认为，中国解决自己的能源问题一直靠煤炭，但这是不可持续的，中国无法继续这样大量使用煤炭，因为这会对环境造成破坏。中国应该使用新的能源来源，比方说天然气。俄罗斯希望与中国在天然气方面建立务实的伙伴关系，在亚太地区构建一个天然气市场。

人民币在"一带一路"建设中的作用

伴随中国经济体量的增大及其在全球经济体系中地位的提升，人民币的国际化应用是大势所趋。本币国际化本质上是国家经济开放、成长的自然发展过程，并且对货币发行国意味着责任和担当。共建"一带一路"将探索使用区域内货币进行贸易结算与发债融资等金融货币相结合的途径，中国作为倡导国，人民币将发挥重要的作用。

在 CEO 圆桌之"'一带一路'：人民币的作用"分论坛讨论中，中国人民银行前行长戴相龙指出，人民币走向"一带一路"势头总体是比较好的。第一，人民币使用的框架已经形成，有很多国家已经开始与中国进行货币互换，或是直接进行人民币交易，清算系统也已经建立。第二，人民币走向"一带一路"的资金准备已就绪。除了国家开发银行拿出 2500 亿元的专项贷款，合同已经定了 900 亿元，进出口银行的 1300 亿元也正在开始找项目。第三，已经成立了很多经济开发区，铁路、交通、码头等基础设施都已开始建设。

清华大学国家金融研究院院长朱民也在讨论中强调，在"一带一路"沿线国家使用人民币结算首先要建立一个非常广泛的自贸协定，这样才能形成合作框架，从而使人民币自由地流动。他表示，"一带一路"沿线国家及地区需要一个强大的中国银行体系来扮演重要的角色，尤其在结算或流动中提供金融服务。

虽然人民币在"一带一路"的建设与发展过程中发挥了重要的作用，但人民币的国际化之路依然需要我们做长期的准备。阿斯塔纳国际金融中心主席凯拉特·克里姆别托夫表示，哈萨克斯坦是受益于"一带一路"的合作与发展的，但我们要思考在与人民币进行国际结算的时候，如何让投资者去更好地了解人民币，从而解决投资者的担忧，尤其是如何让各国的央行愿意持有人民币，只有这样人民币才能真正作为国际货币登上世界的舞台。

海上丝绸之路

在"21世纪海上丝绸之路岛屿经济"分论坛上，海南省省长沈晓明指出，在中国改革开放40周年、海南建省办经济特区30周年之际，海南要围绕打造泛南海国际贸易和航运枢纽，大力推进与"一带一路"沿线国家各个地区空中和海上的互联互通。未来，海南海、陆、空的高新技术产业发展框架已经形成，将会整合人才、技术、产能等资源，推动各领域深入开展合作。同时，海南会和"一带一路"沿线国家和地区开展文化、教育、旅游等领域的民间合作，继续加强和岛屿地区的高层互访和高层往来，携手应对气候变化等全球性的挑战。海南将发挥智库联盟的作用，探索设立岛屿经济研究信息中心，创建全球岛屿经济研究基础数据库，利用博鳌亚洲论坛这一平台，协调、绿色、开放、共享发展。

中国海南改革发展研究院院长迟福林也指出，促进泛南海旅游合作圈，建设三亚邮轮港是一个非常重要的项目，这样可以共同发起建立泛南海旅游合作圈，成立一个旅游一体化的合作联盟，既对岛屿合作有利，对21世纪海上丝绸之路的建设也是一个重大的突破。菲律宾巴拉望省省长何塞·阿尔瓦莱兹先生，在中国—东盟省市长对话的活动中也表示，菲律宾正日益重视邮轮旅游这一战略性的产品，当地政府也希望与企业合作，进一步发展巴拉望省的经济基础设施，推动经济发展。

"一带一路"倡议的提出，为中国与沿线国家彼此更好地利用新的外部环境、参与制定国际贸易投资新规则、促进区域合作带来了新机遇，也为构建人类命运共同体谱写出奋斗的蓝图。

2.
全球化的"下半场"

全球化于20世纪90年代兴起，随着互联网的快速发展于2000年进入鼎盛时期。然而近年来，随着英国宣布脱欧、美国推出贸易保护政策等"黑天鹅事件"频频发生，越来越多的观点认为，全球化红利正在退潮，逆全球化趋势正在浮现。

对中国而言，逆全球化既是挑战，又是机遇。2013年，中国提出的"一带一路"倡议引发全球关注，也让东西方各国重新审视全球化的新模式。"一带一路"倡议能否化解全球化的负面效应，中国智慧又将如何发挥作用？2018年4月10日下午，博鳌亚洲论坛2018年年会举行"全球化的'下半场'：风险和不确定性"分论坛，邀请来自奥地利政府、中国学界以及国际机构的重量级嘉宾共同探讨此话题。

虽然分论坛的主题聚焦全球化，但与会嘉宾在讨论伊始便压抑不住兴奋的心情，纷纷就当天上午中国国家主席习近平在本届年会上的主旨发言发表了看法，并分析其中关于全球化与开放的重要信号。

世界贸易组织首席经济学家罗伯特·库普曼激动地表示："习近平主席的讲话温暖人心，给了我们很大鼓舞。"罗伯特对中国将会继续开放表示欣慰，并对日前中美贸易摩擦表示担忧。他说："中国表示将对进口汽车降低关税，也会进一步开放投资，这一系列举措美国应该正面看待。如果发生贸易战，会有非常重大的影响。"

奥地利外交部部长卡琳·克莱瑟说："令我印象最深刻的是中国将对汽车行业的合资企业进一步放宽限制，这不光对美国是一个重要信号，对欧洲市场同样重要。"她表示，欧

卡琳·克莱瑟

洲有800多万个就业机会与汽车产业有关，我们希望能够进一步参与到中国新能源汽车的发展中。她认为，中国放宽合资企业限制会培育更加公平的竞争环境，让外国企业在一个更好的市场氛围中与中国企业开展更多的联合研发。

"听了习近平主席的演讲，我非常激动。"中国商务部国际贸易经济合作研究院院长顾学明表示。他专门提到四大开放举措：一是市场准入的开放，二是创造更有吸引力的投资环境，三是加强知识产权保护，四是主动扩大出口。他认为，这四大信号与美国当前的态度截然相反。他说，自己坚定地认为中国的方向符合历史发展的大方向。

应反对逆全球化和贸易保护主义

目前，全球化进程并非一帆风顺。逆全球化和贸易保护主义壁垒是当前各界最为关心的问题。

卡琳·克莱瑟指出，在法文字典中，出现了"去全球化"这个词，在欧洲它也成为许多国家日常政治争论的高频词汇。在德国有一种说法，即态度的钟摆已经更多地摆向了"保守主义"这一边。她表示，在欧洲，包括法国在内的许多国家的新生代比他们的父母还要保守，他们希望恪守传统价值观，其中一部分人认为，全球化让他们遭受到威胁。比如他们有这样的观点："移民来了，我的工作有可能被这些人取代。"很多国家都存在这样的担忧。

中国国际经济交流中心首席研究员张燕生认为,逆全球化和贸易保护主义很可能使今天的世界陷入20世纪二三十年代的困境或者七八十年代的困境。不稳定、不确定性的风险上升会有损于世界的每一个人。"我们生活在相互依存的地球村,希望能共同推动全球的开放和全球化的发展,反对贸易保护主义。"

收入分配失衡根在国内,全球化不当"替罪羊"

逆全球化潮流源自收入分配不平衡的加剧。有嘉宾举例说,美国在过去30年中,1%最富人群的收入增长了300倍,而处于底层的50%的人群收入则是零增长。此外,世界银行的一份报告显示,目前最发达国家人均GDP和最不发达国家人均GDP之比是352∶1。

罗伯特·库普曼表示,全球化在增进贸易的同时,确实造成了一些问题,解决方法包括经济系统的重新分配、产业之间的重新分配等。

张燕生认为,在全球化时代,中国也面临相同的问题。也就是说,中国城乡收入差距也是随着全球化的发展而逐渐扩大,中国社会的基尼系数也在逐渐扩大,中国区域间的发展差距也在逐渐扩大。"从这个角度来讲,全球化确实让有些人受益的同时也让有些人受损。这需要一个再平衡的机制来解决分配问题。"

"但产生这些问题的根本原因并不是全球化。"中国商务部副部长钱克明说。他表示，全球化不应该被当成替罪羊，问题的根本还在于各国国内政策。"有嘉宾认为，全球化使得有些国家产生了贫穷，我认为其实是全球化治理结构不合理惹的祸。"

"现在有一种倾向，把全球化当成替罪羊。对此，我们需要引导舆论。"亚行副行长史蒂芬·格罗夫也表示，无论是市场失效问题、贫富不均问题或是缺乏社会安全感问题，都要重新考虑舆论方向。"工业化的经济体损失一些就业机会，并不是全球化造成的，而是自动化程度提升造成的。"他认为，与自动化带来的挑战相比，全球化带来的挑战并没有那么严重。

"逆全球化的情绪不应该再泛滥。"世界贸易组织副总干事易小准说。他认为，对全球贸易、全球经济来说，全球化是一件好事。"欧洲以及亚洲经济体等许多经济体，比方说东盟成员国、印度和其他一些经济体，都是充分接受全球化的。"这些经济体在接受全球化的基础上，增长率变得更快，社会也得到发展。他建议，对此问题，各国政府应采取更多措施，比如说改进教育。"他认为，如果把全球化当成替罪羊，那是选错了目标，那治疗的方案也是错误的。

听众

全球化进入新阶段 需要新的治理方案

张燕生认为,如何在全球治理改革、国内政策改革进程中,让更多普通人受益,是需要深入思考的问题,也是中国下一步推动开放、推动全球化需要解决的问题。

钱克明认为,全球化进入"下半场",面临以下几个风险:一是贸易摩擦的加剧;二是全球投资的限制正在增多,既有安全方面的,也有产业方面的;三是金融系统的风险;四是发展不平衡的问题;五是全球治理体系滞后的问题。

问题的解决在于治理能力,包括国内政策的设计能力和国际经济协调的能力。对此,钱克明认为,当前全球化遇到困境和问题,"一带一路"倡议提供了解决问题的中国思路和中国方案,这也是探索未来新型全球化的一种举措。

"一带一路"如何促进全球化在新阶段的发展?钱克明表示,"一带一路"通过"五通"建设,把亚洲、欧洲的中间地带、东南亚地区以及一些曾经在上阶段全球化进程中被甩在后面的国家联通起来,让它们都能搭上全球化这列"东方快车"。因此,中国的"一带一路"将引领未来更平衡地发展,为更具包容性的全球化提供中国智慧。

此外,钱克明也强调:"地球是大家共同的地球,世界经济缺乏引擎,单靠美国支撑全球经济是不行的,单靠中国也不行。"

3.
人民币国际化的理性思考

一般来讲,货币的国际化就是货币能够跨越国界,在境外流通并成为国际上普遍认可的计价、结算及储备货币的过程。一般需要经历几个阶段:货币随着贸易规模的扩大越来越广泛地应用于贸易结算中;以该种货币计价的相关金融产品开始出现,货币开始走向国际金融交易结算;被各国中央银行纳入储备货币中;随着货币国际计价结算、投资交易和价值储藏功能的不断提升,最终实现货币国际化。形象地说,人民币的国际化路径正在经历"周边化—区域化—国际化"的"外围—中心"货币过程。"一带一路"倡议正是以投资与贸易圈为基础,人民币将不断在此深化,进而形成以人民币为主要流通与结算货币的"人民币投资与贸易圈",逐步由人民币的"周边化"推进至人民币"区域化"。通过加强与"一带一路"沿线国家之间的贸易往来与资本流动,推进人民币结算,对外输出人民币资本,促进区域各国的经济发展，使得各国与中国的依存度增加，进而对人民币的需求增加，逐步实现人民币计价结算、投资储备等货币职能，进而加速人民币的国际化进程。

自 2009 年我国试点人民币跨境结算业务以来，人民币国际化试点已走过了近 9 个年头，在人民币跨境支付结算、计价和储备资产等方面取得了重要成绩。随着"一带一路"倡议在沿线国家的逐步推进，人民币的国际化取得了阶段性成果。2016 年 10 月 1 日，人民币正式纳入国际货币基金组织特别提款权（SDR）货币篮子，成为人民币国际化的里程碑。根据中国人民银行 2017 年人民币国际化报告，2016 年，跨境人民币收付金额合计 9.85 万亿元，占同期本外币跨境收付金额的比重为 25.2%，人民币已经连续 6 年成为中国第二大跨境收付货币。同时，中国已与 36 个国家和地区的中央银行或货币当局签署了双边本币互换协议，协议总规模超过 3.3 万亿元人民币；在 23 个国家和地区建立了人民币清算安排，覆盖东南亚、欧洲、中东、美洲、大洋洲和非洲等地，方便境外主体持有和使用人民币。

"一带一路"给予人民币国际化难能可贵的机会

中国人民银行前行长戴相龙，在 CEO 圆桌之"'一带一路'：人民币的作用"分论坛讨论时指出，人民币国际化是一个战略，是必然趋势。中国现在的经济总量很大，对外的投资与贸易也很多，这说明人民币国际化有了基础。对于人民币国际化的问题，易纲在年会分论坛"货币政策的正常化"上表示，人民币国际化是一个市场驱动的过程。如果企业和金融机构及个人有这方面的需求，人民币国际化确实可以节约货币错配的成本。"对冲货币错配的风险，我们都乐见其成，但是它主要是要市场驱动，我们要让人民币、美元、欧元、日元的竞争达到平衡，企业可以自由选择，用哪种货币最方便，就用哪种货币。"

作为人民币国际化的主渠道，并在所有人民币清算行里面占一半份额的中国银行在推动人民币国际化方面做出了很大的贡献。中国银行董事长陈四清赞同人民币在"一带一路"建设过程中所发挥的作用与日俱增，而且"一带一路"的建设与人民币国际化是相互促进的。他在CEO圆桌之"'一带一路'：人民币的作用"的讨论中自豪地表示，中国银行已在"一带一路"沿线23个国家设立了相关的分支机构，其在海外的人民币资产高的时候达1.4万亿元，低的时候达8000亿元。

招商银行前行长马蔚华也指出，"一带一路"确实对人民币国际化的进程是一个新的机会，比如说"一带一路"沿线国家跟中国的贸易额将近1万亿元，占中国整个贸易额的25%。而且这些国家大部分都是出口国，使用的大多数不是

陈四清（左）与马蔚华

主流的国际货币，这样就给中国一个机会，因为中国是进口国，可以在这个领域让人民币发挥更广泛的作用。

人民币在大宗商品领域的作用

欧亚资源集团CEO索伯特卡在"大宗商品'新周期'？"分论坛上认为，中国是大宗商品最大的消费国，今后25年也会如此，中国的地位是不可撼动的。中国是主要消费国，大宗商品应该更多地以人民币计价。

陈德荣也在此分论坛中表示，铁矿石应该用人民币计价，并且为期不远。中国是世界最大的大宗商品需求国和进口国，所以不以人民币作为主要的结算货币是不正常的。在大宗商品领域中更高比例地采用人民币计价是必然的，特别在铁矿石领域。中国在上海开通了原油期货交易，而中国在整个世界原油市场的份额远低于中国在世界铁矿石的市场份额，其实在世界铁矿石交易中，中国占了绝大部分，所以铁矿石交易应该用人民币计价。

目前，全球货币政策分化，美国货币即将进入加息周期，以美元为主的国际资本流动风云变幻，若以美元作为资金载体，将会导致"一带一路"倡议实施不确定性的上升。同时，人民币结算可以规避大宗商品美元价格下跌的汇率风险。"一带一路"沿线国家多为资源出口国，大宗商品出口在其出口中占较大比重。绕开美元、日元、欧元等国际货币，使用人民币交易，可使双方企业避免因美元币值的波动所产生的汇率风险，规避全球货币政策分化引起的潜在风险。可见，人民币国际化降低了中国资本输出的风险，有助于加大中国与"一带一路"沿线国家的融合度。

人民币在"一带一路"发展建设中依然面临很多问题

当前，人民币在"一带一路"建设中发展势头虽然很好，但目前仍面临一些障碍。戴相龙总结道：首先，"一带一路"沿线覆盖国家基本上处于经济发展中或欠发达状态，

戴相龙

经济规模相对较小，经济结构相对单一，货币政策稳定性偏弱，国家信用评级相对较低。其次，沿线国家更多长期使用本币或其他货币，比如美元、欧元、日元等其他货币，对人民币的接受程度还不够高。再次，从中国自身来讲，人民币的贷款利率比较高，比如国内的银行存贷款利差是3%，而汇丰银行是1%，会使人民币贷款在国际上丧失优势。同时，我们也要看到，虽然中国经济占全球的15%，但全世界的外汇储备人民币还不到1%，人民币要实现国际化还有很长一段路要走。

陈四清则从中国自身出发进行分析，指出人民币国际化进程中的问题和应对措施。

第一，人民币在境外的使用便利程度不够高。比较突出的问题是在境外的人民币贷款依然很难。第二，人民币的宏观政策要保持一定的稳定性。第三，要理性地看待中国经济的世界地位，冷静地思考人民币国际化的征程。他指出，中国虽然是经济强国、贸易强国，但是衡量一个经济体是不是强大，要看五个指标：GDP 有没有占到全球的 5% 以上；贸易有没有占到全球的 4% 以上；《财富》500 强中你有没有达到 1/5；人均 GDP 能不能达到 12000 美元，中国现在才 8000 多美元；货币能不能被全世界承认，在世界储备货币中至少要占到 5%，现在我们只占 1.4%~1.6%。

让人民币国际化继续向前

关于如何扩大人民币在"一带一路"建设中的运用，戴相龙指出：

第一，坚持国际合作原则，即国际金融机构、区域性金融机构和中国要开展一系列的合作，以形成合力。第二，人民币走出去是要靠国家金融体系，而不是靠个别金融机构，所以要推动中国跟"一带一路"沿线国家，特别是重点国家，扩大金融交流。同时，"一带一路"沿线国家也要进一步完善自身的金融体系，成立商业银行、政策性银行和开发性银行，以更好地和中国的开发性银行、政策性银行对接。

第三，人民币走出去的各项制度安排要更加完善。第四，人民币国际化要循序渐进，可先从地缘相近的国家，从基础建设领域合作开始，选择对"在别国有共识且多年来想干而没钱干的"项目先进行支持。支持的方式可选择股本融资和债务融资相结合的思路，要积极发挥丝路基金和进出口银行的作用。同时，要减少限制，放宽人民币在"一带一路"中的投资与使用。比如，如果"一带一路"沿线国家持有了人民币而暂时不用，可以允许它回中国境内投资。

清华大学国家金融研究院院长朱民，进一步对人民币国际化循序渐进的原则进行了补充，他建议：首先要有贸易协议，从而使人民币作为贸易的手段。第二，在两个中央银行

朱民

之间需要建立贸易协议。中国现在与 28 个国家建立了贸易协议，但尚未全覆盖，要努力与所有的这些国家在结算方面建立关系。这需要时间，会逐步涉及债券市场、股权市场、证券市场、衍生品市场以及期货市场，包括银保监会、证监会在内都需要时间来做这件事，我们需要以长远的眼光来看待"一带一路"的进程。

未来，随着我国金融的进一步改革开放、中国和周边经济体的经贸往来日益密切、"一带一路"倡议的逐步落实，人民币国际化将向前继续迈进。

第二部分

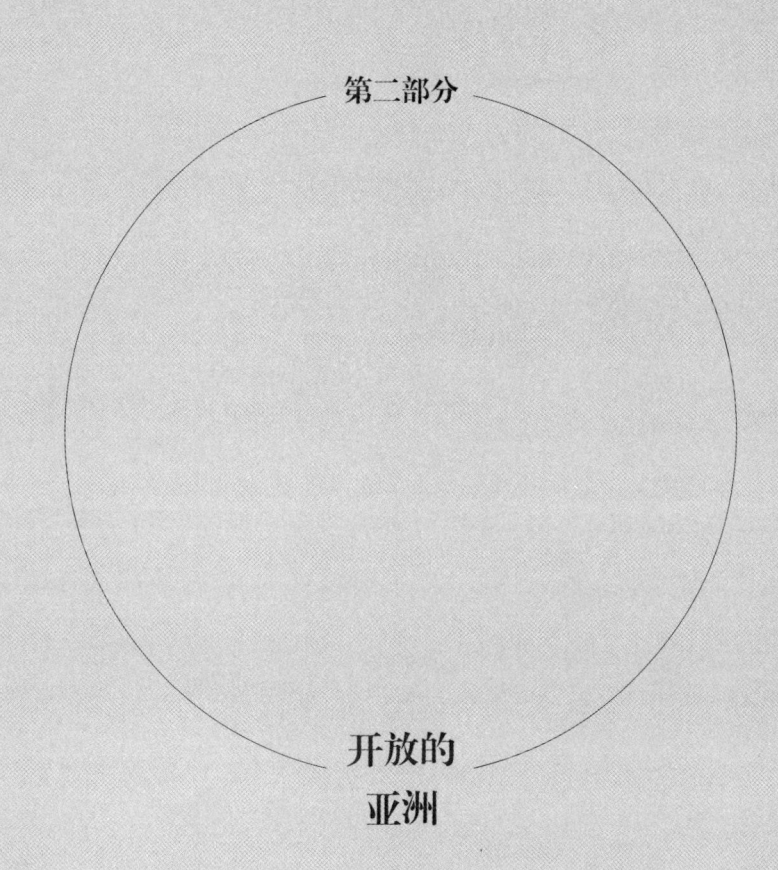

开放的
亚洲

4.
经济增长的可持续性

与会嘉宾在"新兴经济体：资本外流与债务风险"分论坛中认为，新兴经济体仍然是世界经济增长的引擎。包括中国在内的许多发展中国家，应该通过相应的结构性改革推动经济发展，其中包括改善经济增长质量、创造经济增长的可持续性等。

客观认识和分析资本外流和债务风险

巴林投资公司 Investcorp 执行董事长穆罕默德·本·马赫福兹强调，新兴经济体和发达经济体都面临债务增加问题。在过去的 10 年中，很多国家的企业从金融危机中恢复过来，它们认为金融紧缩政策不会持续下去。他同时认为，要从长期和短期两个方面来分析资本流动性。比如，亚洲尤其是东南亚地区的经济增长比较强劲，投资并没有带来债务风险。

他对中国、东南亚国家和印度的情况持乐观态度。

马赫福兹还认为,市场是影响(资本流动)的重要因素。新兴经济体在过去三年中经历了非常困难的时期,一些国家的负债情况恶化。从地区来看,不同国家的储蓄率不同,它们都能够根据自身的特点防范风险。首先,它们可以根据汇率和币种,判断本国货币对于美元的价值。其次,每个币种对外资会有一定的风险率。目前,很多国家已经开始使用政府补贴等政策工具来调控风险。这些国家也开始变革,比如说创造工作岗位、寻找外资投资等。这些有助于它们排除GDP下降的风险。虽然过程是艰难的,但总体上还是好的。

国家金融与发展实验室理事长李扬主张,不应简单地用过去发展经济学的范式来研究当前的新问题。评判资本流动是否对一国经济造成伤害,关键看该国储蓄和投资的对比关系。高储蓄率国家对资本流动的敏感性相对较低,低储蓄率国家则容易受到大规模资本流动的不良影响。中国的储备积累主要通过经常项目顺差获得,而不是通过资本项目获得,根本上因为中国是一个高储蓄率的国家。

李扬认为,按照世界标准和中国标准,中国债务在安全范围之内。中国的债务问题涉及政府、企业和居民三个层面。政府层面包括中央政府和地方政府,中央政府的资产负债表非常健康,有关部门正在采取措施逐步处理地方政府存在的负债问题。企业层面包括国有企业和民营企业，中国企业的杠杆率在 2017 年年末略有下降，但只是其中的民营企业的杠杆率下降得较快，而国有企业的杠杆率还在上升。目前，中国政府正在采取措施处理国有企业中僵尸企业的问题。他相信，经过三年的努力，僵尸企业的问题将得到较大改善。

李扬指出，中国是发展中国家，对债务问题高度警惕，并在这方面做了非常多的工作。他指出，我们不仅要从流量角度看储蓄与投资的关系，还要从存量角度看资产负债表，目前两者都非常健康。我们必须严肃对待唱衰中国的现象，从存量和流量两个角度观察资本流动是否会引发危机。目前中国没有出现非常危险的信号。

金砖国家新开发银行副行长兼首席财务官莱斯利·马斯多普认为，经济危机后，很多央行改变了货币政策。从生产角度看，跨国银行的责任大大增加。全球经济最强的 30 个国家，比如巴西、中国等国家，都会主要在基础设施建设领域投资，这些新兴经济体未来将继续加大投资。如果金融机构提高效率，找到新的融资方式或新的方向，那么它们会找到可持续的投资项目。

泛美开发银行副行长圣地亚哥·利维提出，南美洲国家的债务危机有相似之处。之所以能回到以前的稳定性，是因为大家对全球资本市场的紧缩有市场预期。南美洲绝大部分

圣地亚哥·利维

国家经历了 2008—2009 年的金融危机之后，债务比例高于过去，达到 17%~18%。尽管它们对全球资本市场的接触度或包容度不同，对债务风险的反应速度不同，但是它们做出很多努力来应对。正如李扬所说，将南美地区与其他地方相比会发现，高储蓄率是亚洲的一个结构性优势，亚洲的储蓄率普遍高于南美洲的储蓄率。

波士顿咨询公司（BCG）全球主席汉斯·保罗·博克纳认为，我们不能对新兴市场一概而论，而要看每个国家的基本面，具体国家具体分析，才能更好地认识资本流动和利率增加的影响。比如有些国家的资本流入只是用于消费，而不进行生产。中国、印度和东南亚这几个新兴经济体做得非常好，中东地区也正在做一些改变和进步。汉斯同时认为，对于一个开放的国家，资本流动有利于其更好地配置资产并实现更好的回报，同时还能增强国家竞争力。

发展中国家需要进行结构性改革开放

莱斯利·马斯多普认为，包括中国在内的许多发展中国家，应该通过相应的结构性改革把经济发展推动到下一个阶段，其中包括改善经济增长质量、创造经济增长的可持续性，比如环境的可持续性，以及尽量降低因为经济快速增长带来的不平等（不平衡）。当然，全球化的优势与劣势并存，不平等（不平衡）就是其中一个劣势。我们要确保整个经济更富竞争性。发展中国家需要放松资金的管制、银行的监管，这将使其能够成为一个更加繁荣、更加发达的经济体。

圣地亚哥·利维提出，结构性改革非常复杂，要从宏观和微观两个层面开展。在宏观层面，美洲的结构性改革有了很大改善，宏观经济和财政政策更加透明和专业。微观层面则不尽如人意，地区的劳动力系统运营得并不好，未来将会遇到比较艰难的时期。只有我们现在未雨绸缪，未来的商业和社会才会更好。

汉斯认为，如果一个国家的储蓄率非常高，那么进行结构性改革将会有好的预期。在一个国家进行投资，重点看是否投资到人才、教育、资产架构、金融市场等领域，要保证市场的包容性，保证所有基础性的增长更加强劲。所有亚洲国家在过去几年都很好地注意到这些问题，所以它们实现了高增长。然而，世界上其他地区未必如此。

新兴经济体仍然是世界经济增长的引擎

莱斯利指出，虽然2008年后中国负债快速上升，但是中国有高储蓄率，中国目前的债务大部分是国内负债，这是好的地方。与此同时，银行的不良债务非常高，这背后有许多值得担忧的事情。如今，新兴经济体已经成为世界经济的增长引擎，它们在世界经济中扮演着越来越重要的角色，这在未来会持续一段时间。绝大部分的增长来自发展中国家，而且这个趋势同样将会持续。

汉斯认为，投资的最大增长机会在新兴经济体市场。在选择投资地时，不仅要看它是不是新兴经济体，而且要看其经济增长的可持续性。从亚洲来看，东亚、东南亚、南亚的经济增长更加持续，它们对大宗商品价格的依赖度并不高于大众商品的价格。很多开放市场存在一些问题，比如经济增长率过低、风险较高等。所以，投资者应该进入新兴经济市场，然后具体问题具体分析。

利维指出，虽然投资者在发展中国家的基础设施建设投资项目非常多，但由于投资者担心风险，所以实际投资量不大。目前，分析存在的风险非常困难，于是大家通过PPP（政府与民营企业合作模式）模式来解决这个问题。然而，仍有些问题需要解决，比如结构性风险、汇率风险、规管风险、环境风险等是否可以由多方共同承担，怎样更好地分散风险。

李扬指出，关于投资这个世界性问题，新兴经济体和发达经济体都特别需要基础设施建设投资。在投资过程中，四个因素至关重要：第一，产权能否得到有效保护；第二，是否有可持续的商业模式；第三，政治环境是否稳定；第四，政府应当有适当的支持。中国是新兴经济体，在学习他国经验的同时，也在积极探索通过建立长期信用方式为基础设施投资提供资金。比如，中国的国家开发银行创造性地提出"开发性金融"。中国对"一带一路"项目的投资也多用长期信用机构方式，而不是直接投资的方式。

人民币国际化恰逢其时

汉斯认为，人民币国际化是必要的，它对中国下一阶段的经济增长至关重要。中国40年的改革开放取得了举世瞩目的成功。但是我们应注意到金融和资本控制方面存在的冲突。中国现在已经是世界上第二大债权市场，但是其中有

95%~96%的债权市场在国内，所以效率非常低。随着经济的增长，资本配置将成为一个非常重要的来源。他认为人民币国际化恰逢其时，这一进程关键在速度和顺序。人民币已被纳入特别提款权，因此会有越来越多的国家用人民币作为储备货币，这将进一步巩固人民币的国际地位。越来越多的国家愿意与中国进行贸易往来，人民币越来越多地在世界范围使用，这对中国有好处。

李扬指出，2015—2016年，中国大量外汇储备流出引起世界关注。中国资本流出有两种类型：一种是移民式的流出，用经济学来说是资本外逃，中国居民带着资本到美国去了，成为美国公民，那么这部分资本就在中国的国家财富中永远消失了。另一种是用于境外投资的资本外流，这种外流是健康的，不能视为资本外逃，这是人民币国际化的一个大的进展。我们应更多担心移民式的资本外逃，那是中国财富的流失。

中美贸易摩擦可能对亚洲整体经济带来波动

国民经济研究所所长樊纲在"亚洲经济预测"分论坛上讲话认为，中美贸易摩擦确实存在不确定性，是值得防范的风险。因为亚洲各国经济相互融合，中国出口商品背后是涉及亚洲各国产品的贸易链条。他说："中国生产的iPhone，包括了韩国、马来西亚、日本等多个国家的零部件和资源，中美之间贸易的摩擦显然会影响到整个贸易链。"

中国社科院世界政治与经济研究所所长张宇燕对亚洲经济进行过系统性的研究与分析，他认为，中美两国各界均有共识，贸易战没有胜利者，相信接下来的两个月双方将采用理智的态度，通过谈判解决问题。针对外界猜测的中国可能采取的一些行动，他认为，金融问题是金融问题，贸易问题是贸易问题，应拆开来看，分别应对。此外，他还强调，观察亚洲经济不应仅关注贸易关系，也需将包括美国在内的各国货币政策、自然灾害等因素都考虑进来。

印度工商联合会秘书长桑贾亚·巴鲁也在此分论坛表示，中美贸易摩擦不仅是经济问题，建议中国从地缘政治角度切入思考解决方法。日本央行前行长白川方明表示，不应过分关注贸易战，应多关注基本面，理智对待潜在增长率下降的问题。

中美贸易摩擦应妥善解决

在谈到当前的中美贸易摩擦时，易纲在"货币政策的正常性"分论坛上表示，大部分关于中美贸易的讨论只看到中国企业对美国的产品销售，没有看到美国跨国企业在中国的产品销售。他认为，事实上，后者的销售额和利润都很大。

如果把这两点都考虑进去的话,整个不平衡的状况就会极大地缓解。他进一步指出:

首先,贸易不平衡是结构性问题。中国是在产品附加值价值链的末端,因此中国的贸易顺差实际上代表了整个东亚对于美国的顺差。因为中国会进口日韩以及中国台湾地区生产的产品,然后再卖给美国,所以在统计数据当中显示出来是中国对美国的贸易顺差,但是事实上中国跟日本、韩国和中国的台湾地区都有贸易逆差。"我们需要从一个多边的角度,而不是跟美国双边的角度看待贸易不平衡的问题。"

其次,贸易不平衡是宏观经济的问题。经常项目盈余,主要从三个方面来看:一是政府赤字。除了美国对中国有贸易逆差,美国政府的预算赤字,也在增长。预算赤字越高,贸易赤字也就越高。二是投资。随着投资和美国经济的发展,经常性项目赤字也会变多。三是私人储蓄。目前美国私人储蓄率是有所下降的,这也为缩减经常账户赤字增加了困难。

易纲认为,中美贸易不能只看商品贸易,还要看服务贸易。美国在服务贸易上有优势,去年中国服务贸易的逆差是很大的,随着中国金融市场的开放,美国未来会有更大的优势,这两者可以相互平衡。"如果看中国跟美国的服务贸易逆差,在过去10年每年增长20%,去年超过了380亿美元。"

李扬在"新兴经济体:资本外流与债务风险"分论坛的

李扬

讨论中支持中国政府对贸易摩擦的表态，他强调中美两个大国之间发生的贸易摩擦对双方均无好处，对世界也没有好处，美国不应单方面用它的单边主义面对中国的多边主义。贸易摩擦将影响资本外流、中国汇率和人民币国际化等方面。但是，中国经济对外的依赖度不高。中美贸易争端使这个世界充满了不确定性。李扬相信贸易战不会升级到汇率战，国际上的政治家应当有这个理智。

马赫福兹认为，贸易摩擦将使双方两败俱伤，这对世界的金融和经济都不是好事。如果中美贸易摩擦加剧，将对全球价值链造成不良影响。

汉斯支持无人从贸易摩擦中受益的观点，他希望双方政府展开讨论，达成比较合理的结果。可以看出，一些参与者并不理解他们行为造成的结果，所以就冒险采取了激烈的行动，他们只是想给选民提供一个信息。但从长期来看，这将对全世界产生很大的负面影响，既包括世界上每个人，也包括新兴市场和发达市场，希望人们都能回归理性。

利维在此分论坛认为储蓄率是贸易摩擦的最终问题。美国政府担心贸易赤字，但是我们不能仅仅从一个方面来解决贸易赤字的问题，因为任何国家的支出高于收入时都会出现赤字。他希望双方能够回到讨论中，更多地寻找增加储蓄率的方法，其他的方法其实并不奏效。

莱斯利对中美贸易摩擦的结果持乐观态度。他认为，人们最终会意识到贸易摩擦将导致一损俱损的结果，经济理智将会最终胜出。一百多年前，有些国家推行地方保护主义，然而，如今的世界更加开放，多边主义成为主流，且有很多国际性的系统。他指出，目前的摩擦并不是理智的行为，世界两大经济体之间应理解彼此的关系，比如中国是美国国债的主要购买国。最后，他希望双方能够达成共识，最终有一个理性的结果。

5.
亚洲经济一体化

于2018年博鳌亚洲论坛发布的报告称,与北美、欧洲的逆全球化发展不同,亚洲区域统一大市场呈加速形成之势。在域内经济走向一体化的同时,透过亚欧会议、中非合作论坛等跨区域合作渠道,亚洲区域经济一体化也在不断向域外拓展。

围绕"亚洲经济一体化发展现状如何?""亚洲国家应该采取什么措施应对贸易保护主义等挑战?""'一带一路'如何加速亚洲经济一体化进程?"等问题,嘉宾在分论坛"亚洲经济一体化的'加速器'"进行了深入的探讨。

亚洲经济一体化潜力巨大

当谈论到亚洲的时候,以前大家习惯用"世界工场"来形容它。如今随着亚洲各国经济发展的加快,这个昔日的全球商品供应体已经成为世界重要的消费市场。

中国商务部副部长钱克明在"亚洲经济一体化的'加速器'"分论坛表示，亚洲经济很长一段时间以来，都是世界经济增长的火车头，中国、印度等国家的经济增长尤其令人瞩目。亚洲是一个非常大的消费市场，而且是支撑经济增长的非常重要的力量。钱克明同时指出，研究报告显示，东盟之间的内部贸易大概占 30% 左右，而欧盟大概占 70% 左右，说明亚洲经济一体化的水平还是偏低，但是潜力非常大。未来如果亚洲内部的贸易流量能够达到 50% 左右，今后对经济的增长拉动作用将非常明显。

美国前商务部长卡洛斯·古铁雷斯认同亚洲经济一体化

卡洛斯·古铁雷斯

趋势明显这一观点,并强调亚洲各个国家资本互相流入,变得越来越像消费经济体。亚洲的公司在创新与发展速度方面都是前所未见的,亚洲在世界舞台上占有越来越重的份额。

戴相龙在"亚洲经济预测"分论坛上也认为,未来20年乃至21世纪中叶,亚洲仍将是世界经济增长最快的地区。戴相龙解释,当前中国经济发展强劲,印度速度将会更快,中日韩的合作会加强,"一带一路"的发展也会给亚洲带来新的机遇。

中国社科院世界经济与政治研究所所长张宇燕对此预测表示认同,他说:"有机构预测中日韩经济增长将保持去年的势头。去年是5.5%,今年是5.4%。"他认为,亚洲各个国家总体情况不错,亚洲经济增长在将来会继续引领世界。

作为亚洲最大的经济体,中国未来的发展形势是与会嘉宾和代表关注的焦点之一。戴相龙总结道,中国未来10年的有效增长会在6%左右或5%以上。他同时建议,中国从高速发展向高质量发展转变的过程中,有三个关键的改革点:一是如何处理供给侧改革中的债务问题,建议尽快出台企业债务重组条例;二是如何进行资本供给改革,提高社会资本供给能力,建议培育若干家具备国际竞争力的投行;三是如何改善房地产金融服务体系,建议借鉴中德储蓄银行的经验,出台商业银行住房贷款办法。

而在分论坛"亚洲经济一体化的'加速器'"的讨论中,东京大学大学院教授、亚洲开发银行首席经济学家泽田康幸也从三个方面阐述了亚洲经济一体化的现状和挑战。首先，亚洲发展越来越快，亚洲区域经济增长的速度是全球区域经济体中最快的；其次，亚洲区域经济增长额中，60%都是亚洲区域内国家互相发展贸易的结果；再次，由于亚洲经济迅速发展，亚洲人民积累了高额存款，但亚洲人民将80%的净存款用于在亚洲以外的国家做投资。因此，亚洲国家在互相投资、金融一体化方面还有很大的努力空间。

贸易保护主义对亚洲经济发展构成冲击

拥有巨大潜力的同时，亚洲经济一体化进程同样面临着种种挑战。新西兰前总理珍妮·希普利和对外经济贸易大学副校长赵忠秀一致认为，亚洲经济一体化存在的一大问题是，一些发展中和发展比较落后的亚洲国家融入亚洲市场以及世界市场的程度较低，甚至有些国家还没有融入世界一体化。赵忠秀还以中美贸易摩擦为例，认为贸易保护主义也会对亚洲经济一体化构成冲击。

钱克明就如何应对贸易保护主义支着儿，呼吁世界各国共同维护世界贸易组织。他认为，目前世界经济回暖热量还不足。"全球化是不可逆转的历史进程，尽管现在有很多问题，但是我想至少两点不会变，第一个是自由贸易这一精神，第二是多边贸易体系这一规则意识。我们大家共同努

珍妮·希普利

力，维护好难得的发展环境，共同创造发展机会，共同推动全球化健康发展。"

珍妮·希普利表示，亚洲经济一体化需要各个国家树立信心。"有很多很好的历史模板值得我们借鉴。要使亚洲经济一体化进入下一个阶段，需要我们做的事情还很多，而现在是行动的最好时机。"

赵忠秀则表示，亚洲国家首先需要做的是完善现有的一体化体系。他认为，相比于欧盟，东盟一体化程度还是比较低，亚洲经济一体化过程中要避免受到贸易战之类的外部冲击。

机遇："一带一路"成为亚洲经济一体化的加速器

长期以来，亚洲经济一体化的思路更多是"就亚洲谈亚洲"。涵盖亚洲、欧洲的"一带一路"，为亚洲经济一体化提供了一条不局限于亚洲、跳出亚洲的思路。"一带一路"，能否成为助推亚洲经济一体化的外力？与会嘉宾就此进行了讨论。

钱克明指出，"一带一路"倡议提出以后，受到很多国家的欢迎和支持，中国已经和80多个国家和国际组织签订协议，共同推动"一带一路"建设。他还从基础设施的互联互通、贸易畅通等方面阐述了"一带一路"对亚洲经济一体化的促进作用。他指出，"一带一路"倡导共商、共建、共享原则，对亚洲乃至全球经济发展意义重大。

"'一带一路'规模前所未见，亚洲开发银行非常认可'一带一路'倡议。"泽田康幸这样评价"一带一路"。他认为，亚洲经济增速要继续保持现有的势头，应该持续提升基础设施建设，包括交通、能源、ICT（信息、通信和技术）等领域。"'一带一路'倡议让亚洲的各个国家，以及亚洲和世界其他地区之间的联系更加紧密。"泽田康幸指出，"一带一路"还让各国政府、各个组织之间建立起了软联系。

卡洛斯·古铁雷斯则认为，"一带一路"肯定会刺激亚洲地区经济的发展，这一倡议不仅会让亚洲受益，也会助力全球经济增长。

6.
粤港澳大湾区

在国际上,"湾区"一词多用于描述围绕沿海口岸分布的众多海港和城镇所构成的港口群及城镇群。湾区经济是以湾区自然地理条件为基础,以发达的港口物流运输为依托,具有开放的经济结构、完善的产业链条、便捷的港口运输、高效的资源配置、强大的集聚辐射功能和发达的国际通信网络等特征,已经逐步发展形成的一种滨海型区域经济形态,成为国际经济版图的新亮点。

以东京、纽约、旧金山三大湾区为代表,湾区经济既是一个国家重要的经济增长极,又是技术变革的领头羊。作为国际湾区之首,纽约湾区不仅贡献了美国GDP的13.2%,而且还是世界金融的核心枢纽与商业中心,除《财富》500强企业有40%在此落地外,纽约市的曼哈顿中城则是世界上最大的CBD(中央商务区)。旧金山湾区是美国高科技产业集中区,著名的硅谷就坐落于此。作为著名的"科技湾区",

它拥有斯坦福、加州大学伯克利分校等 20 多所著名大学，还分布着航天、能源研究中心等高端技术研发机构，引领全球 20 多种产业之潮流。日本的东京湾区是日本工业产业最为发达的地带，东京湾区的经济贡献占日本经济总量的 40% 左右，是世界著名的"产业湾区"，它集中了日本的钢铁、有色冶金、炼油、石化、机械、电子、汽车、造船等主要工业部门，并形成了以京滨、京叶工业区为核心的两大工业地带，形成了日本最大的工业城市群。

中国的湾区经济带起步较晚，但发展迅速。中国正式出现"湾区"的概念是 2005 年发布的《珠江三角洲城镇群协调发展规划（2004—2020）》。"大湾区"则于 2015 年国家改委、外交部、商务部联合发布的《推动共建丝绸之路经济带和 21 世纪海上丝绸之路的愿景与行动》中首次被明确提出。2017 年 3 月 5 日，国务院总理李克强在全国"两会"上所做的《政府工作报告》中有"研究制定粤港澳大湾区城市群发展规划"的提法，至此，粤港澳大湾区从泛珠三角时期的区域引擎概念正式上升为跨行政区的国家级统一规划。作为"一带一路"倡议重要推进力量以及辐射东南亚地区的重要试点，粤港澳大湾区无疑是中国迈进区域经济协调发展新格局的重要标志。

中国的湾区经济带，目前最受关注的便是粤港澳大湾区，地域包括由广州、佛山、肇庆（市区和四会）、深圳、东莞、惠州（不含龙门）、珠海、中山、江门9市和香港、澳门两个特别行政区形成的城市群。根据珠三角各城市的GDP数据，加上香港、澳门两地预估数值，2017年，粤港澳大湾区的GDP总额突破10万亿元人民币，在世界四大湾区中排名第二。与世界其他湾区相比，粤港澳大湾区具有制度多样性和互补性，其横跨"一国两制三关税区"，以中央和广东、香港、澳门三地签署协议的协商方式进行政策制定与部署，而非以国家的方式直接制订规划。这种自上至下和多方协商兼具的特性，决定了粤港澳需要共同探索湾区经济的中国模式，展示出其他世界湾区所不具备的制度创新的优势。

香港特区政府行政长官林郑月娥在2018博鳌年会分论坛"粤港澳大湾区"中表示，香港有三大优势，能为大湾区经济带的高质量发展以及帮助中国内地与世界更紧密联系方面发挥创新作用。一是粤港澳三地各自独特的优势能够互补，打造新的增长点；二是香港拥有很好的经济、社会、法律的传统以及与国际标准高度接轨的营商环境，能够助力国际企业进入大湾区，同时助力中国企业走出去；三是特区政府力求创新，成立了政策创新和统筹办事处，同时大力推动香港的创新、科技发展。香港拥有重要的国际金融中心、全球最大的离岸人民币中心，以及正在快速兴起的文化艺术枢纽，并实现了与"一带一路"的对接，可以打造一小时生活圈格局，为促进大湾区的人流、物流、资金流和吸引海内外的人才提供最佳的条件。"三地政府正筹备举行宣讲会并一起到海外进行推广。"林郑月娥说，"我对粤港澳大湾区前景充满信心，也深信今年的博鳌亚洲论坛会为粤港澳大湾区的工作增添动力。"

广东省省长马兴瑞表示，香港、澳门和珠三角的9个城市是中国综合实力最强、开放程度最高、经济最具活力的地区之一，土地面积达5.6万平方公里，拥有6500万常住人口；2017年经济总量达到了10万亿人民币的水平，接近纽约大湾区；拥有世界上最大的海港群、空港群，拥有3万多家国家级高新技术企业；所以粤港澳大湾区的发展潜力巨大。他介绍，广东正从以下几个方面推进大湾区建设：一是加快建立大湾区建设协调机构，构建联系紧密、协同有利的合作机制；二是聚焦破解一国两制的体制机制障碍，促进人流、物流、信息流便捷的流动；三是推进基础设施的连通，打造世界级的港口群、机场群、高铁、高速公路网；四是建设具有全球影响力的国际创新科技中心；五是强化医疗保障人才的合作，使港澳居民在内地的学习、就业、生活更加便利；六是建设具有全球竞争力的营商环境。

澳门经济财政司司长梁维特表示，澳门将发挥精准联系的功能，更加全面、深入地融入国家的发展大局，建立多元文化的合作基地。他谈道，一要发挥归侨侨胞的优势，将会

梁维特

发展融资租赁，为中葡企业提供资金结算服务和贸易融资等金融服务；二要发挥澳门休闲旅游的优势，与大湾区共同打造世界旅游目的地；将发挥旅游管理和培训资源的优势，与大湾区的其他城市加强旅游和教育资源的合作，共同提升旅游的服务水平；三要发挥与欧盟的特殊关系的优势，加强大湾区中医药科技、人才培养和健康服务的合作，推动中医药国际化和标准化，促进大湾区优质企业的产品不断提质，开拓"一带一路"建设沿线国家的市场；四要促进大湾区与"一带一路"沿线国家和地区特别是葡语国家的合作，推动大湾区的基础设施互联互通，特别为专业人士、青年人和中小企业提供发展空间。

在听完三地政府代表的发言后，中国（深圳）综合开发研究院院长樊纲表示，他为三地积极参与大湾区建设的态度感动。他说，一国两制，三个关税区，9+2 城市精诚合作，大湾区一定会有非常好的发展。

科技创新是主题

科技产业创新中心将是一个主攻方向。马兴瑞表示，与旧金山湾区、东京湾区、纽约湾区等相比，粤港澳湾区发展最大的短板便是科技创新能力的不足。"未来 10 年、20 年，如果科技创新赶不上东京，赶不上纽约，我们大湾区就很难持续提高竞争力。"他认为，香港拥有配置全球创新资源的要素，拥有很好的原始创新能力，广东也在加大培育以企业为创新主体的创新能力。他透露，大湾区要打造一个囊括香港、澳门、广州、深圳的综合的世界级的科技创新中心，或者说是一个科技创新的走廊。

林郑月娥表示，金融服务是香港的强项，香港可以提供大湾区进一步发展需要的专业金融服务。"无论是融资、投资，还是发债都是香港的强项。"林郑月娥说。虽然先进的制造业不是香港的优势，但可以通过研发、转化和孵化来推动科技创新产业的发展。

南丰集团 CEO、香港前财政司司长梁锦松认为，生物科

梁锦松

技是继 IT 之后会影响人类创新的领域之一，而生物科技也是香港的优势。"香港有几位科学家是有机会拿诺贝尔奖的。"他说，"这些资源应与大湾区广大的市场结合。"

正如梁维特在发言中提到的：大湾区建设是一国两制下前所未有的实践，需要创新思维，更新观念，探索新的合作模式和合作机制。既要加强统筹协调，建立高层次的协调机制，又要发挥各个方面的积极性和主观能动性；既要深入地融合，实现共享、共建，又要兼顾各方不同的效益，发挥各个方面独特的作用；既要鼓励创新驱动，激发区域创新动力，又要保持传统产业的优势，再造传统产业新的优势；既要重视大型企业和机构的引领和导向作用，又要重视中小企业的参与，为它们参与大湾区的建设提供机会，打造平台。

协调发展才是出路

此外，三地如何才能相互融合，城市之间如何协调整合，都要依靠制度创新来促进。梁锦松建议，在通关手续、税务制度以及医疗服务等方面要有所创新，以节省资源和时间、留住本地人才、吸引国际人才。"领导通关比较快，但我们百姓排队时间还是有点长，"梁锦松笑称，"每天都花很多时间在这方面，会影响人才能力的发挥。"他说，人才最喜欢与不同领域的人才相处、沟通、交流，这正是香港的独特优势，可将这种经验在大湾区经济带推广。

如何在一国两制、三个关税区的情况下推进大湾区各地区之间的协同与融合？樊纲提到，粤港澳大湾区有两个自由关税区——香港和澳门，广东南沙、前海和横琴有自由贸易试验区。他建议，可以让三个自由贸易试验区和香港、澳门对接，先行先试，在一些贸易的做法、关税制度上对接，同时尝试服务贸易，例如医疗、教育等的互联互通。

广东省省长马兴瑞也提到，在推进建设的过程中，会遇到需要创新解决的问题。"一步步探索，推动人流、物流、信息流的有序流动，如果有流不动的地方，就要向中央政府报告。"他同时介绍了广东省自身可以破除的体制机制的障碍,其中包括就业许可证、车辆限制措施等。"香港、澳门没有多少车,你就是把车都开到广东来也无所谓,这些事情都是可以解决的。"马兴瑞开起了玩笑,"不过说起来容易做起来难,一步到位难,要先解决一步,再解决下一步。"

7.
中日印经济合作的潜力

中日合作

中日是一衣带水的邻邦，地缘和经济互补优势显著，经济依存度较高。中国商务部数据显示，2015年，日本成为首个对华投资额累计突破1000亿美元的国家，稳居中国第一大外资来源国。2017年，中日双向投资势头良好，投资门类从制造业向通信、互联网、金融服务等新领域不断拓展，合作水平不断提升。2017年，中日双边贸易额重返3000亿美元规模，日本对华投资加快回升，中国对日投资也稳步发展。

谈到日本经济，国人常用的词是"失去的二十年"，其实有虚有实。日本"失去"的是财政，日本的财政状况不容乐观，货币政策和财政政策也存在一定问题。但是说到经济的其他方面，日本的实力仍然不容小觑。如何正确评判日本经济，如何帮助日本走出低迷的困境，如何进行结构性改革，引发了很多经济学家、政治学家和企业家们的思考。

从通缩到通胀

日本欧力士（Orix）集团董事长宫内义彦在"日本经济"分论坛上发表讲话认为，日本现在具有一个较慢并且较为稳定的通货膨胀趋势。与日本20世纪90年代通货紧缩的状况不同，日本现在开始有了物价上涨的问题。但是，对于日本来说，每年2%的通胀目标太高了，因为日本是一个老龄化社会，人口在减少，尤其是劳动力人口在减少。在这样的情况下，日本很难实现2%的通胀目标。

标普亚太首席经济学家保罗·龚华德提出，日本的财政政策并不是特别有效。在过去几年，日本也出现了结构性的财政收入问题，日本2015年提高了消费税，但是引起了经济的衰退和投资的减少。

北大国家发展研究院名誉院长、前世行高级副行长、首席经济学家林毅夫认为，从1991年以后，日本的经济实际上陷入了一种停滞状况。任何国家发生经济危机必然有它内部的结构性问题，对于日本来说，内部的结构性改革存在较大问题。安倍政府上台以后提出安倍经济学的"三支箭"，一是宽松的货币政策，二是大规模的财政刺激政策，三是包括TPP（跨太平洋伙伴关系协定）、放松管制和促进创新等在内的一揽子增长战略。而现在日本经济的情况是：货币贬值，财政赤字增加，但尚未进行完善的结构性改革。

日本如何结束经济低迷期

华夏新供给经济学研究院首席经济学家、财政部财科所原所长贾康表示，日本想在经济发展过程中结束一个相对低迷的状态，应该做到以下几点：第一，日本应该注重结构性对策；第二，日本应该采用积极的人口政策，来减弱人口老龄化带来的问题；第三，日本政府应该关注政府债务的问题；第四，日本应该在科技创新方面做出努力。

林毅夫则认为，日本经济要真正走出困境，要做到两个方面的努力。第一，日本应该积极参与中国提出的"一带一路"倡议，增加在海外的基础设施投资，带来更多的出口，给内部的结构性改革创造空间。第二，日本应该积极地创造东北亚自由贸易群、东北亚经济共同体，以克服日本国内经济规模体量不够大的问题。

约翰·霍普金斯大学东亚研究中心主任肯特·凯尔德提出，不光日本，对于整个亚太经济体以及全世界的经济体来说，一个非常重要的问题就是技术创新。日本想要走出经济萎靡的困境，应该通过多边合作来推动技术的创新，推动更多的女性加入工作。

给中国的启发

林毅夫说，从第二次世界大战以后，日本在非发达国家当中第一个实现工业化、现代化，它的成功给东亚以及世界上其他地区带来了非常重要的经验。一是如何进行内部结构性改革；二是如何在以信息化为主要特征，以人工智能为未来技术发展核心的背景下，创造一个有利的环境。这也是需要中国思考的。

肯特说，20世纪80年代日本进入世界市场，当时日本的经济非常繁荣，但国内的需求还有待提高，因此日本央行降低利率，政府退出了经济刺激的项目，带来了泡沫。中国政府应该从日本的历史中汲取经验教训。当消费物价指数上涨时，政府不应该过分进行矫正，应该保持在正常的水平，而不是说让消费指数过分地下降。

林毅夫指出：第一，在20世纪80年代，日本在美国的压力之下使得日元急剧升值，造成日元大规模外流，投资不合理行为泛滥；第二，日币升值也加速了房地产泡沫的出现，带来长达27年的经济疲软。这个经验教训中国也要吸取。

贾康说，广义的人口政策应该包括移民政策。日本现在老龄化、少子化问题严重，应该通过移民来使经济的关系调向合理的方向。这一点对中国的人口政策有启示。中国的人口政策应该进一步调整放宽，而且要积极考虑以后的移民政策，不光是量的方面适当放松，还要注重结构优化问题。

中印合作

中印互为重要邻国，是全球人口最多的两个发展中国家和重要的新兴市场国家，也是推进世界多极化和经济全球化的中坚力量。作为世界第二和第七大经济体，中印双边合作潜力巨大，两国共同利益远大于分歧，合作前景非常广阔。据官方数据显示，2017年，中印双边贸易额约达844亿美元，比上年增长20.3%，创历史新高，中国自印度进口大幅增长40%，继续保持印度最大贸易伙伴地位。中国与印度的投资合作力度一直在不断加大，比如中国企业累计对印实际投资超过80亿美元，基础设施建设合作取得长足进展，而印度企业对华投资近3年年均增幅达18.5%。中印双方现在已经达成战略合作关系，中印之间更需要建立互信，通过合作增强彼此在世界范围内的竞争力。

印度应大力发展制造业

中国外经贸部原副部长龙永图在年会举行的"龙象共舞：中印经济合作的潜力"电视辩论中指出，从产业结构看，印度制造业基础薄弱，而在此基础上发展服务业是不现

龙永图

实的。此外，中国目前有大量的劳动密集型产业机会可能向印度转移，这对印度而言无疑是一个很好的经济发展模式，中国有丰富的经验可以帮助印度发展制造业。印度发展制造业也可以为更多的年轻人创造就业机会。

印度埃迪亚贝拉集团高级总裁、首席经济学家阿吉特·雷纳德认为，中国逐渐向产业链上游转移，而印度恰恰需要发展劳动密集型产业，正是两国可以实现互补之处。

中国商务部前部长陈德铭指出，在信息化时代，人工智能的发展与运用将对中国、印度两个劳动力大国带来挑战。现有技术已经能够实现在劳动密集型产业中的人工智能运用，在这样的背景下，中印两国双边关系与贸易结构将会受到一定冲击，两国应当注重劳动力素质与教育水平的提升。

中印应建立互信，共谋发展

印度塔塔集团名誉董事长拉坦·塔塔表示，印度要建立对自身发展的信心，在"一带一路"倡议下与中国建立互联互通。

博鳌亚洲论坛研究院执行副院长杨希雨表示，从地缘政治角度看，全球中产阶级增长最迅速的国家是亚洲国家，其中最主要是印度和中国，中国和印度构成世界上最大的市场。中印决定要发展全方位的战略伙伴合作关系，进一步促

拉坦·塔塔

进本地区的共同利益。基于这种共同利益，中印能够更好地处理政治、经济和安全方面的问题。

陈德铭呼吁，印度应当正确区分中国政府与中国民营企业，应允许一部分中国民营企业进入印度市场，这样无疑能够帮助印度更加有效地获得发展。谋求发展的根本方法是开放。一国将自身融入全球化价值体系，虽然短时间内可能受到贸易逆差等冲击，但长期来看，利远大于弊。

第三部分

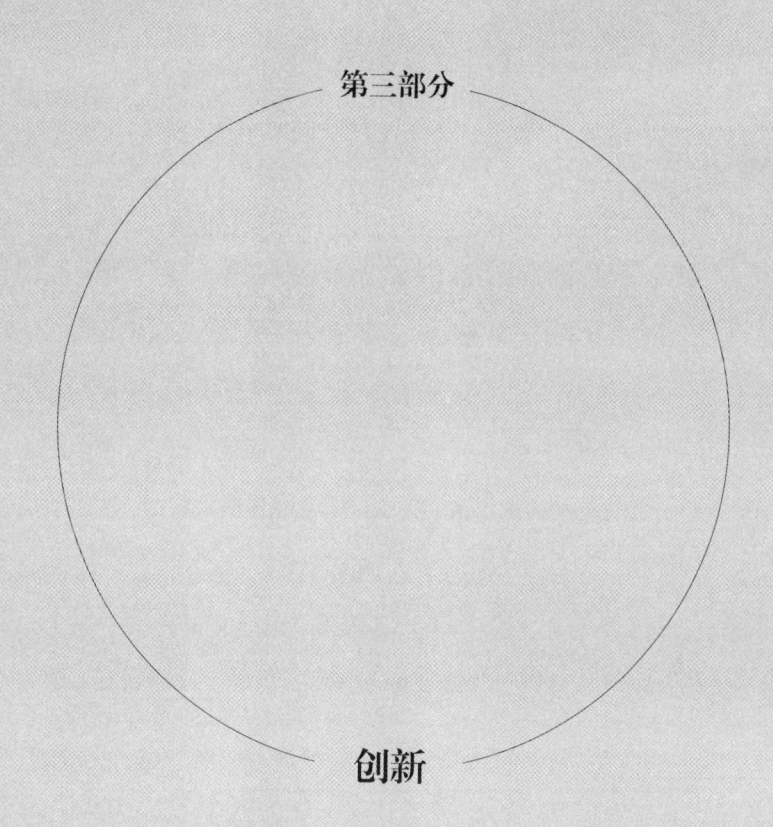

创新

8.
拥抱人工智能

随着 AI（人工智能）、Big Data（大数据）、Cloud Computing（云计算）构建的"ABC 时代"的到来，IT 产业进入智能时代，其中人工智能成为整个智能时代的核心。实际上，这不是人工智能第一次成为热门。1996 年，IBM（国际商业机器公司）的智能机器人"深蓝"战胜了国际象棋世界冠军卡斯帕罗夫。2011 年，IBM 的智能机器人"沃森"在智力问答比赛《危险边缘》中取得冠军。2016 年，由谷歌 DeepMind 公司研制的阿尔法围棋程序全面战胜世界冠军李世石，令全世界震惊。很多人曾经认为人工智能是一个"高大上"的事，对现实世界的真正影响甚小。究其原因，在于人工智能未能"落地"和实现大规模商用。本轮人工智能的热度空前，技术基础也远较此前厚实。尤其在 2017 年，国务院印发《新一代人工智能发展规划》(以下简称《规划》），明确到 2030 年，人工智能理论、技术与应用总体达到世界领先水平，成为世界主要人工智能创新中心的战略目标。《规划》部署构筑我国人工智能发展的先发优势，加快建设创新型国家和世界科技强国。

可以这样说，人工智能的到来，是不可逆转的新一轮科技变革浪潮，但要回到"落地"这个难题。如何将人工智能的"炒作热"真正变成"落地热"？本轮人工智能的热潮可以不蹈历史的覆辙吗？博鳌亚洲论坛2018年年会分别举行"未来的生产""让人工智能'落地'""新零售：新概念，还是新趋势？"等分论坛，来自科技及其他相关行业的知名企业家们汇聚一堂，共同探讨人工智能对人类社会未来的影响以及如何推动人工智能的"落地"等问题。

人工智能对传统制造业的冲击

随着大数据、人工智能等技术的应用和普及，有人预测，未来的制造将从劳动密集型转向数字化、自动化的智能制造。那么，20年后的工厂到底会与今天有怎样的不同？劳动密集型行业会遭遇大面积失业吗？面对这一系列问题，发达国家和发展中国家将如何应对？惠普公司亚太区总裁理查德·埃德蒙森·贝利在分论坛"未来的生产"上发言，他认为，未来我们会关注人，关注价值的分享，关注整个行业的发展，关注什么样的技术是必需的，我们要考虑未来人类如何去创新，如何运用新的技术创造价值。他进一步阐述道，未来的生产一定是数字化的，除此之外，生产率增长会受到各种因素的驱动，比如人工智能、机器人，以及3D打印。他同时指出，消费将更大程度地影响生产，促使企业提高生产效率。

格力电器董事长董明珠赞同这一观点，并表示大数据时代已经来临，而人类的认知能力也会随着时代的变化而变化。众所周知，格力电器一直以强大的研发能力驰骋在世界家电市场中。面对新的科技浪潮，董明珠再次展现出其过人的智慧与魄力，她表示，大数据时代下，以消费为导向的研发更有生命力，未来工厂生产的产品会更精准，更大程度地满足市场的需求、满足消费者对生活品质的需求。

默克高性能材料全球管理委员会常务委员艾伦·盖博认为，各种各样的征兆表明世界迎来了第四次工业革命，比如人工智能和机器人。他指出，人工智能和机器人都发展得很快，而且在多个领域取得了实实在在的成就，比如在生命科学领域。"正是这些新的发展，让我们能更好地进行流程控制，更好地控制产品质量。在基因测序当中，我们也使用机器人，这是几年前我们无法想象的事情。"艾伦·盖博如是说。

小i机器人创始人、董事长袁辉则表示，人工智能等新兴科技将给企业带来极大的改变。他认为，从传统的制造业转向未来生产会经历三个阶段，第一个阶段是自动化，第二个阶段是数字化，第三个阶段是智能化。而人工智能对于制造业的变革，会在这三个阶段当中逐步呈现。袁辉进一步指出，人工智能至少会在预先性维护、异常检测、工艺流程再造以及客服四个方面对制造业有重大赋能。

这次的人工智能不一样

人工智能到底能不能成功，一定程度上取决于能否投入大规模商业化运作。人工智能迅猛发展，类人的智能机器的巨大进步看似使人工智能找到了一条康庄大道，有人说人工智能的伟大时代已经到来。但也有人持悲观态度，认为这只不过是人工智能60年发展史上的一次周期性的量变而已，人工智能的影响力早晚会耗尽，社会对人工智能的支持与资金投入有可能会陷入寒冬。如今，已有30余年发展历史的AI技术再次掀起新浪潮，将会带来什么样的机遇？与会嘉宾们道出了自己的心声。

台积电CEO刘德音敏锐地嗅到了AI春天到来的信号，"尽管当前还没有一个完全独立的人工智能设备，但AI的功能已经嵌入很多产品里面"，他在分论坛"让人工智能'落地'"上如是说。他认为，在深度学习之前，人工智能只不过是一个深度的模仿设备。随着技术能力的改善，AI已经成为算法的重要部分，未来大家都可以基于半导体技术获得大数据的服务。

三星电子高级副总裁 SHIM Eun Soo 则希望能用人工智能来弥补计算机无法编写人类直觉语言的缺陷，而这也是此次人工智能浪潮划时代的意义。随着狭义 AI 和广义 AI 之间的界限越来越模糊，英国人工智能医疗科技公司 CEO、创始人丹·瓦赫德表示，人工智能技术越发达，就意味着我们能够继续推动计算能力的发展。他指出，目前大科技公司都在做人工智能的应用，虽然速度比较慢，但一切皆有可能。"现在想象不到的，未来都有可能会发生。"他说道。

科大讯飞董事长刘庆峰相信，在保护用户隐私的前提下，人工智能会在越来越多的行业帮助人类。他同时强调，很多行业应用最后会变成个人产品的体现，未来 5~10 年，每个人都可以有一个 AI 助手，从繁重的体力劳动中解放出来。

百度高级副总裁朱光对此表示赞同，"未来的 5~10 年，每一个行业都将和人工智能深度结合，同时也会涌现出人工智能平台公司，为创业者提供更好的工具和算法，帮助他们在这个行业里实现人工智能的变革"。

与人工智能共舞：人类的创造力不会因人工智能而消失

人工智能的风险是否会限制人类的创新力？人类是否

会被人工智能取代？这些担忧自人工智能诞生伊始就从未停止。

"我觉得总有一天机器的智力会超过人类",丹·瓦赫德在分论坛"让人工智能'落地'"上说道,他认为人脑是有限的,"除非找到一种混合体,通过这种混合体来拓展人类的智力"。

微软全球资深副总裁、微软亚太研发集团主席、微软亚洲研究院院长洪小文对此有截然不同的看法,"没有证据让我相信机器智力超越人类会很快出现"。在他看来,智慧的定义在不断变化,而评判的标准应该是创新力。计算机虽然很强大,但所有的程序都是人来编写的。因此他认为,计算机没有创新力,而人有。

SHIM Eun Soo 对此进行了补充,"人类的创造力不会因人工智能而消失",他对于人工智能的发展持乐观的态度,认为人工智能可以让人类去追寻新的可能。"100 年之后,人工智能可以帮助人类做很多事,人们的生活会和现在截然不同,不用拘泥于日常的琐事,可以有更多的时间来进行创造。"

刘德音则鼓励大家,与其害怕人工智能会抢饭碗,不如思考如何与人工智能合作。这一倡议也得到参与人工智能专题分论坛的其他与会嘉宾的认同与积极回应。

刘德音

当然，企业家们对人工智能的"担忧"并不表示他们真的"害怕"这一轮新的科技革命。相反，这正是企业界对新革命浪潮到来的一种理性思考。其实，中国企业界对新的科技革命是充满信心的，就像董明珠在分论坛"未来的生产"中所言，"没有拼搏不可能成长，挑战是我们永远的话题。正是因为挑战，我们才可以幸福。借用习近平总书记讲的一句话，幸福都是奋斗出来的，这句话对我而言，是未来的生产力"。

人工智能＋各行各业：未来"落地"新玩法

人工智能是一个开放的领域，大量创业者正在加入这个浪潮，对于创业者们关注的人工智能应用问题，嘉宾们在分论坛"让人工智能'落地'"上分享了自己的思考。

首先，人工智能可以在医疗健康领域大有作为。刘庆峰认为，人工智能应该具备人文关怀。若将其应用在医疗行业，能给医生提供更大的帮助。他强调人工智能并不是要代替医疗人员，而是协助医疗人员提升整个医疗行业的水平。丹·瓦赫德也希望人工智能可以帮助解决一些疾病综合征，最终目的是帮助人类延长寿命，过上更有效率、更健康的生活。

其次，智能手机是人工智能应用的重要场景。刘德音表示，智能手机对任何新的点子，包括人工智能，都是最好的应用平台，希望开发者多在手机上开发人工智能应用。

SHIM Eun Soo 称，目前很多的人工智能都是通过云来实现的，用户非常担心隐私问题，三星正在推动芯片的技术提升，以更好地保障用户隐私不受侵犯。

洪小文认为，尽管程度有所不同，但人工智能可以帮助每一个企业。他指出，人工智能不仅可以帮助公司做产品和服务上的转型，还可以拉近公司和客户的距离，同时让公司内部的经营更加有效能，激发员工的创造力。

朱光最后总结道，纵观人类的历史，每一次技术的革命，都会提升人类的效率。他对人工智能这次的浪潮非常有信心，"人工智能会让人们有更多的时间去探索我们更想做的事，将我们的生活质量提升到一个新的高度"。

人工智能的人才培养

人工智能领域的人才稀缺已经不是新鲜事，早前有媒体报道，人工智能尖端人才数量远远不能满足需求。人工智能在中国的人才缺口将超过 500 万，而中国人工智能人才数量目前只有 5 万。①

瓦克化学股份有限公司总裁兼 CEO 鲁道夫·施陶迪格尔结合社会越来越智能化、数字化的大背景，在 2018 年博鳌年会的分论坛"未来的生产"上指出，企业要拥抱一些数据驱动的技术，培养懂人工智能的成熟的技术人才，要配合政府建立完整的教育体系。

鲁道夫·施陶迪格尔还以德国职业教育培训体系为例，表明建立完整的教育体系的重要性。"我们需要熟练工，他们把学习当作使命，学习新的技能知识，这是我们成功的要素。"鲁道夫·施陶迪格尔说。

"惠普非常重视人才培训，我们也会为培训人才做出自己应有的努力，这是企业和政府应该联合思考的平台。"理查德·埃德蒙森·贝利表示认同鲁道夫·施陶迪格尔的观点，

---

① 数据来自领英《全球 AI 领域人才报告》及中国工信部教育考试中心。

称企业需要培训技术型人才。他同时强调创新也是未来生产的一大关键，认为创新是来自人类，而不是来自一些计算机，所以我们要考虑人类如何创新。

董明珠也认同创新和培育技术人才对未来生产的重要性。她在分论坛的发言中强调，在互联网新时代，敢于创新、敢于挑战对企业而言尤为重要。企业要重新定位，要意识到培养有创新意识的技术人才的重要性，要永远记住创新和挑战对企业而言是必不可少的两个词。

人工智能技术在新零售中扮演的角色

新零售，是近些年才涌现出来的热词，是与传统零售相对应的一种销售模式。马云早在2017年11月接受央视财经频道专访时就表示，新零售的核心就是线上线下的结合，人、货、仓、配的结合，虚和实的结合。阿里CEO张勇也曾这样解读，新零售就是基于数据驱动的对于商业三要素人、货、场的重构。移动互联网是移动通信与互联网的结合，其最大的特征是智能手机成了互联网第一入口，超过PC端。在电商领域，可以看到移动端电商逐步干掉了PC端电商。阿里电商移动端占比从2014年的19%增加到2017年的79%，短短4年里基本干掉了PC端。这说明一点：移动技术导致电商的经营模式发生了翻天覆地的变化。马云预测，未来中国 60%~80% 的零售是新零售。线上（电商）与线下（实体）融合，在"互联网时代"发生不了，只有在"移动互联网时代"才有可能融合，诞生出更有效率的新零售。那么这场由人工智能掀起的热潮，能否助新零售一臂之力呢？

"消费者其实并不在乎技术，他们更关注的是技术能否给自己带来便捷。"vivo 创始人、总裁兼 CEO 沈炜针对 5G 通信技术的发展，在分论坛"未来的通信"上这样强调。沈炜分析，随着移动化互联网的发展，人接收的数据量越来越大，甚至已经超出人类个体能够处理的信息量。他将这些信息处理分为两种，一种是过滤整合信息，提高人们掌握信息的效率，还有一种是处理一些相对不重要或重复的信息。他认为，这种信息处理一定要结合人工智能技术。人工智能将给智能手机提供学习和思考的大脑，而 5G 通信技术则为人工智能提供了更加高效的通信管道。因此，对于消费者而言，当智能手机迎来 5G 时代，人们将不仅仅通过点击手机 App 这种方式与虚拟的网络世界接触。在未来，手机将更像一个私人助手，帮人们更好地处理自身跟虚拟世界以及现实世界的关系。

威盛电子董事长兼 CEO 陈文琦认为，在性能方面，5G 的确是一项很重要的技术，5G 利用了新的通信技术，而且非常有意思的是，它能够实现非常低的时延。陈文琦还指出，5G 有许多应用场景，比如 SDN（软件定义网络）和网络云化，可以让网络变得非常灵活，满足人类各种各样的需求。与此同时，它还可以满足新的物联网需求，让各种设备互联。

苹果全球副总裁葛越认为，与 4G 相比，5G 优势明显，它更像一个迷你 Wi-Fi，3G、4G 需要基站来支持，5G 更多的是提供热点。针对 5G 技术的发展趋势，葛越认为需关注三大方面：第一，它可以实现超大数据存储量，因此 VR（虚拟现实）、AR（增强现实）这些技术都会伴随 5G 的出现成为现实；第二，5G 可以实现极低时延，这可以助力各种各样的产业，比如多功能医疗设备，恰恰因为这样的极低时延可以远程控制医疗设备，实时反馈各种数据；第三，5G 让机器与机器实现互联，任何智能设备实现互联，都是因为 5G 技术的出现。

5G 带来的最大变化是极低时延和高速通信，这些性能能让人们实现许多"不可能"。爱立信董事长利夫·约翰森指出，5G 可以让人类和网络之间进行沟通，可用性和速度是 4G 的 100 倍，反应非常迅速。他举了一个生动的例子：对于大多数人来说，用手摸一个特别烫的东西，在几毫秒内就能感受到它的温度，而 5G 可以达到 1~5 毫秒的速度。他介绍，这种传输能力能够让 AI、AR/VR 技术，或者是一些智能化的机器人在医学等领域得到应用，同时高带宽、低时延的网络可以进行网络切片，也能在医疗等领域加以应用。

对于新技术能否造福消费者，葛越也同样给予关注并补充道："现在手机仍然存在一些问题，包括电池使用寿命不够长、手机有时会发热等。"作为全球手机制造商的领头企业，葛越从产品视角入手并提出，只有良好的设备才能造福消费者，"希望新技术能够真正为消费者增值"。

当前 4G 带宽与互联网的结合已经全面影响到人们的日常生活。5G 并不是一个空的口号，而是有具体的上市时间表。沈炜以自身的企业为例说道，2017 年底，vivo 已经在全球成立了六大研发中心，包括东莞、深圳、南京、杭州、北京及美国圣迭戈。这些研发中心分别承担着不同的使命。"我们计划 2018 年底之前完成 5G 实验用机的研发，配合运营商开展网络测试，计划在 2019 年完成预商用终端给运营商，2020 年会实现大批量的生产。"

移动互联网时代，零售商通过收集客户的相关数据，积极主动与客户开展线上线下互动，给客户带来更好体验。波士顿咨询公司全球主席汉斯·保罗·博尔纳在"新零售：新概念，还是新趋势？"分论坛上表示，新零售重视客户的体验，将传统零售商与客户关系由一次性交易关系演变为持续性需求关系。"花点时间"创始人朱月怡也强调了新零售思维下对客户的新认识，他形象地描述道，传统零售思维是"你来，你买，你走了"，新零售则增加了第四种思维，即真正用心服务客户,并概括为以下三个场景:(1)你没来,你已经在这里;(2)你来了,体验优于交易;(3)你走了,你还在这里。汉斯强调,未来的零售业,企业应更加了解客户,并与客户积极互动,因地制宜,尝试新的模式。而人工智能技术的进步与发展,可以帮助零售商预测客户需求,并且能够有效创建客户新的需求空间。

针对新零售模式下强调对客户的新认知问题,凯德集团总裁兼CEO林明彦认为,企业应重新设计零售交易流程和改革公司管理结构,更好地满足客户需求,并进一步指出应从两个层面看新零售:一是从销售环节的后台看,使用新的信息技术帮助商家解决物流痛点;二是从销售环节的前台看,商场可以提升客户体验。北京大学新媒体研究院研究员吴伯凡表示赞同,并对比新零售与传统渠道销售,认为要从后端(后台)到前端(前台)连接消费的各个环节,给消费者提供极致体验与感受。他接着讲到,未来的新零售应是一个系统性的,横跨整个供应链条,使用智能化手段,充分认知且满足客户需求的商业模式。林明彦以凯德公司为例,讲解了凯德公司在利用人工智能技术方面的发展动态,主要采取两方面途径:内部招聘人工智能科学家,同时与海外研发中心合作积极推动大数据分析。吴伯凡认为,企业只有通过人工智能技术,充分了解客户的相关信息,才能做出好的销售策略。朱月怡也表示,人工智能在新零售过程中最重要的作用是和谐，人工智能第一次有机会把零售过程中渠道、品牌、用户和供应链完全地联结在一起，变成一个正向的系统循环。

国美零售控股有限公司执委会主席、国美零售服务总裁何阳青也在此分论坛上强调，新零售是一种共享零售，应从商务、社交、利益分享三个维度构建出新零售。新零售销售的核心是客户流量，要解决的根本问题是送货速率。他结合国美的销售模式和经验与大家分享时说，国美用两年时间打通线上与线下渠道，实现客户对其所享受服务的可视化和可评价化，并将评价成绩作为员工绩效考核标准。与此同时，将业态从单纯的销售商变为"家＋生活体验"的全新模式，从而促进与客户深层次的交互关系。

大龙网 CEO 易青认为，零售的初始阶段是以人力为主，经济高速发展到一定阶段，就需要人工智能发挥重要作用。易青在分论坛上呼吁道，利用人工智能等高科技手段，跨境电商平台要通过将中国产能端与当地零售市场柔性地结合起来，助推中国企业在"一带一路"沿线国家取得成功。

9.
共享经济的理性思考

共享经济是近年来的经济亮点。从居住、汽车、单车、联合办公,到雨伞、充电宝、篮球、马扎、跑步仓、家居,共享经济的业态层出不穷,失败与成功兼而有之,真共享、伪共享兼而有之。共享经济的边界在哪里?底线在哪里?共享经济是否已经偏离了初衷和本意?

步入 2018 年,共享经济成了创业圈最火的词。那么,共享经济该如何被定义?未来的共享经济模式该走向何方?博鳌亚洲论坛 2018 年年会举行"共享经济:从'资本风口'到商业的本质"分论坛,邀请业界大咖分享他们的真知灼见。

共享还是租赁,如何定义共享经济?

与最初众多投资人和创业者定义的"闲散资源共享"概

念相比，如今人们对共享经济的看法已经有了变化。

在线少儿英语品牌 VIPKID 创始人兼 CEO 米雯娟直言，在她的理解中，"共享"是指资源的配置，"经济"是指创造价值，共享经济一定是通过共享的方式达成用户价值的创造，用很便宜的钱享受更优质的服务。米雯娟认为，在共享经济的方向上，普惠是更大的价值体现，共享经济涉及的维度也很广，可以是知识的共享，也可以是从物品到时间的共享。

滴滴首席发展官李建华则表示，对于共享经济，主要是如何区分哪些是真正共享的，哪些是借助这场热度来改变后面的商业过程。他指出，共享经济的实践，中国走在世界最前面，传统意义上的共享经济就是闲散资源的观念在今天看来已经过时了。"在我看来，共享经济一定是一个平台，让供给和需求能够很快地精准匹配，提高效率，减少资源浪费，让用户有更好的体验。所以，如果不是闲散资源就说是伪共享，这个理解会阻碍共享经济的发展。"

共享经济的未来还有哪些机会？

对于那些参与到共享经济中来的企业家，最重要的也许不是搞清楚它的概念，而是去探究共享经济的未来发展，到底还有什么机会？

马蜂窝旅游网联合创始人、首席运营官吕刚以自身参与共享经济的经验,阐述了他对共享经济未来发展方向的看法。他认为,共享经济的领域可以被拓宽,它不一定是在共享的本身发生经济行为或者是交易行为,也可以是在共享之后发生。"我是做共享知识的,2010年我们的网站大概就有数百万篇用户的游记,这种游记分享行为就是一种知识共享。"

"消费者的需求是多元化的,永远不能用单一的模式去适用所有的消费者。"车好多集团CEO杨浩涌认为,未来共享经济的商业模式需要多重发展。

李建华持相同意见并认为,共享经济在未来的发展不能

杨浩涌

被狭隘化。在他看来，滴滴做了五年多的网约车后，有很多数据在这个平台上，这些数据可以再次共享。有了这些数据以后，可以对城市的交通进行重新调配，例如可以动态调配智慧红绿灯。这就让共享经济的商业模式得到升级，共享出来就可以服务整个社区。

共享经济如何创造更多社会价值？

共享经济兴起后，一批又一批的创业者涌入市场，有人依靠资本，有人追求规模，但与会嘉宾们认为，发展共享经济的最终目标还是创造更多的社会价值。

小猪短租 CEO、联合创始人陈驰则认为，共享是一种社会行为，每天都在发生。但是一旦共享经济变成一个风口，每一个创业者都会蠢蠢欲动，短期就会把这个事情放得过高，但是对于其内在逻辑，洞察却没有很深。共享经济要求创业者要重构交易的成本、体验，去塑造自己的商业模式。他还认为，创业者要保证企业始终是被使命和愿景驱动的，一方面需要资本的帮助，但是不要被资本的另外一面所绑架，这是应该引以为戒的。

杨浩涌也强调，在任何一个商业模式中，都不能把最终的竞争变成一种资本的竞争，这是很悲哀的，"如果企业演变成投资多大，规模就做得多大，这是比较低级的"。

对于滴滴收购小蓝单车、美团收购摩拜,李建华表示,滴滴一直在思考,还能为社会、为用户创造什么样的价值。滴滴的使命就是让出行更美好,包括共享单车,滴滴希望为用户提供一站式的、多种需求的出行服务。

共享经济的发展,是新科技时代的必然产物。但在实际生活中,管理部门对共享经济的监管往往滞后。共享经济面临着顾客健康消费习惯的培养、行业标准的暂时缺失、法律地位的不明确、行业监管模式有待创新等制约。最近一家共享经济企业安全事件频发,更放大了公众对于共享经济风险的担忧。很多共享经济企业都发出倡议,要以信任和安全为行业核心价值,保障用户的人身和财产安全,加强用户隐私和个人信息保护,完善身份认证、人身财产保险机制,加强诚信体系建设等。但共享经济的发展也需要健康的制度环境来保障。政府绝不能等出事之后才紧急整顿,而是要建立健全一系列的规章制度,与企业、行业协会一起提前针对消费者"痛点"采取措施,防患于未然,这样才能更好地让共享经济良性发展,服务于人民,服务于社会。

10.
互联网的"下半场"

提到互联网的新时代,现在全世界大约有50亿人口跟互联网是密不可分的。人们生活在有互联网的区域,都非常活跃地使用互联网。甚至现在的孩子,很小就和互联网有了接触,可以说他们将一辈子和互联网打交道。可是追踪这段历史,人们会发现,这也就是最近十到二十年间的事。随着IT技术与通信技术(5G)的进一步发展,移动互联网、智联网、物联网、人工智能不断涌现。有人说,互联网的"下半场"已经到来。进入"下半场",互联网公司喜忧参半,有的面临的环境越发残酷,不仅用户红利没有了,时间红利也消失殆尽。在互联网的"下半场",互联网企业将何去何从?在可预见的未来,互联网的新蓝海在哪里?博鳌亚洲论坛2018年年会举行主题为"互联网的'下半场'"的分论坛,与会嘉宾围绕以上一系列问题进行了深入探讨。

互联网的"下半场"概念

与会嘉宾围绕互联网"下半场"这个概念展开了讨论，阿里巴巴技术委员会主席王坚开门见山，认为"互联网的'下半场'是杜撰出来的"。王坚认为，这个概念是大型互联网公司杜撰出来的，互联网没有下半场，是互联网"巨头"进入了下半场。

王坚表示，回顾互联网公司的发展历史，会发现一个有意思的现象：美国电信巨头AT&T（美国电话电报公司）成立的时候不会担心公司存不存在，到了微软的时代，微软过了20年才开始有危机感，而谷歌只有10年，Facebook（脸书）只有5年，就都感到了生存的压力。王坚认为这反映了当今互联网世界"新陈代谢"的速度在加快，新的公司可以更快地出来，所以不存在所谓的互联网"下半场"。

"你们知道世界上30岁以下的年轻人占比多少吗？答案是超过50%。"王坚给出了联合国的统计数据，他进一步指出，对全世界超过50%的年轻人来说，互联网才刚刚开始。

携程首席财务官王肖璠表达了不同的意见，认为互联网从另一个角度理解确实进入了"下半场"。她认为，个人电脑时代是互联网的上半场，手机时代是互联网的下半场。届时，谁有最好的技术或者最好的产品，谁就会是赢家。

决定未来的是互联网的基础设施

Altimeter Capital（一家全球性公募和私募机构）合伙人拉姆·帕拉梅斯瓦兰认为，互联网在未来还有很大的想象空间。他以蚂蚁金融为例，称世界上有很多发展规模大的互联网企业，而中国的互联网企业发展尤其迅速。"虽然我住在加州，但我对中国非常感兴趣，也一直都很关注中国互联网市场的发展。有时候，我们会忍不住惊叹于中国互联网市场的发展速度。"他同时指出，当今世界，除了中国、美国，还有近50亿人没有接入互联网，还处在互联网世界之外。

王坚同样指出了构建互联网基础设施的重要性。"我觉得不仅仅是互联网领域，包括工程、科学在内的其他领域都得考虑基础设施建设，卫星也可以成为互联网的基础设施。"王坚进一步解释道，今天我们讲的互联网，就是地下的光缆。今天即使有手机，其实下面也是有一条光缆的。世界上还有很多人没有联网，不是他们不喜欢用，也不是因为他们贫穷用不起，是因为光缆到不了那里。手机的基站也不可能到光缆到不了的地方，所以说，未来互联网基础设施会从地下搬到天上，互联网最后不会在地下，而是会在天上。王坚最后指出："其实我并不确定是不是在我的余生能够看到它发生，但是肯定会发生。我觉得互联网至少还有50~100年的时间，把所有的这些物件联结起来。"

隐私保护成为移动互联网时代关注的焦点

互联网和新的通信技术诸如 5G 的发展虽迎来了难得的机遇，却也同时面临各种各样的风险和挑战，其中亟待解决的就是用户数据隐私保护问题。

领英联合创始人阿伦·布卢在分论坛"互联网的'下半场'"上表示，互联网的发展分很多阶段，互联网企业发展过程中需要有各方面的考量。"硅谷和中国有一个非常相同的特点，就是都能够成功地把初创企业规模变得很大。中国的互联网企业发展速度更是惊人。"他指出，互联网企业进入快速发展阶段，在规模急速膨胀的同时，对于数据安全问

嘉宾讨论现场

题要给予足够的关注。

"每一家互联网公司都可能会犯错误,这并不意味着它们故意要去做坏事。"英国 Medopad 公司 CEO、创始人丹·瓦赫达特在谈到 Facebook 数据泄漏问题时给出建议,媒体应该引导社会对用户数据隐私保护问题进行讨论,让互联网公司了解用户的想法和态度,同时让用户理解使用用户数据做研发的初衷和意义,是更好地服务用户。

"客户对产品的喜好不一,我们会根据客户在携程上留下的历史数据,有针对性地推荐一些产品。对客户进行个性化推荐,我们的主要考量就是为客户节省时间。"王晓璠补充说明了携程对用户数据的运用。

同样,5G 技术具有的大带宽、低时延和广连接三大优势,虽然会极大程度地造福人类,但也有人担心,5G 的广泛应用,将对数据安全和数据私密性造成不良影响。

"说到数据隐私和数据安全,我觉得它们和 5G 有些不太相关,5G 事关更好的连接,我们要单独应对数据隐私和安全的问题。"陈文琦在分论坛"未来的通信"上表示,5G 的出现确实会引发数据隐私泄漏的隐患,但它同时也会提高用户的安全意识。

"我们深信用户的数据是属于用户的,数据隐私是一项基本人权。"葛越认为,个人数据不应该为他人变现提供便利。生活在未来时代,如果闹钟、电表、洗衣机这些日常物件都实现互联,且别人能够借此了解你的许多情况,"这简直就像监控,谁想生活在这样的场景中呢?"葛越称,数据隐私的确是未来需要应对的难题,全球每家公司都应该通过合作来共同应对挑战。

沈炜非常赞同葛越的观点,他指出,数据隐私的需求不分国界,谁都不愿意把自己的数据暴露在公众面前。沈炜以vivo公司的"图像算法"技术举例称,通过这种算法,相机可以根据每个人的喜好来拍出更好的照片,但这种图像算法只适用于个人,别人没有办法利用。"毫无疑问,我们肯定会站在保护每个用户隐私的角度,不会拿它进行任何商业化活动。"

11.
迎接技术革命 4.0

"新一轮科技革命带来的是更加激烈的科技竞争，如果科技创新搞不上去，发展动力就不可能实现转换，我们在全球经济竞争中就会处于下风。"①

人类社会的每一次进步，都离不开技术革命带来的突破。近年来，新一轮科技和产业革命形成势头，以互联网、大数据、物联网、云计算、智能化、传感技术、机器人、虚拟现实等为基础性特征的第四次工业革命引领了新型生活方式的潮流，新产业、新模式、新业态层出不穷，新的增长动能不断积聚。新一轮科技革命究竟"新"在何处？哪些技术具有革命性的潜质？如何抓住新一轮科技革命的历史性机遇？谁将是新一轮技术革命的最直接受益者？

---

① 2015 年 10 月 29 日，习近平在党的十八届五中全会第二次全体会议上的讲话。

用饱满的热情迎接技术革命 4.0

回看历史长河,强劲且可持续发展的经济周期,都离不开技术革命的推动。从 18 世纪开始,以蒸汽机为代表的机械化,到后来 19 世纪出现的以电力为代表的电气化,再到 20 世纪的网络信息化,直到人类面临如今新一轮的技术革命,人类正进入一个前所未有的时代。这场技术革命 4.0 究竟呈现出什么样的特征?在 2018 博鳌亚洲论坛年会"新一轮技术革命"分论坛上,与会嘉宾进行了热烈讨论。

世界卫生组织前总干事陈冯富珍女士首先从近期一个关于互联网趋势的报告讲起,她介绍道,这个报告涵盖了新的

陈冯富珍

技术，包括医疗技术，并且也预测了在这个领域会带来大量的影响。她重点强调，只有能够提供解决方案来解决社会问题的科技革命才算是真正的技术革命。她以养老行业为例进一步阐述道，中国到2030年的时候会有超过3亿人超过60岁（根据世界卫生组织的划分，60岁划定为老龄），印度将会有2亿多人超过60岁，这还没有算上日本、韩国等国的老龄人口。老龄人口需要护理服务。根据之前的统计，全世界需要4000万卫生保健人员，在发展中国家，还需要1800万卫生护理人员。"在技术领域我想问，到底有些什么样的社会解决方案帮助人们获得一个更加有尊严、更加健康的人生？"陈冯富珍问道。而这也道出了新一轮科技革命的内涵，那就是以人为本，让科技真正解决社会问题。

浪潮集团董事长兼CEO孙丕恕从"互联网＋消费"、"互联网＋政务服务"和"互联网＋实体经济"三方面阐述了新一轮技术革命对社会的影响，云计算、大数据、人工智能和区块链等新技术在各类行业均得到了高效运用。针对世界卫生组织前总干事陈冯富珍提到的技术革命在医疗行业的应用这一话题，孙丕恕表示，中国在大力推动健康医疗的发展，新一轮技术不但要推动产业的革命，也要推动人类健康水平的提高。

世界知识产权组织总干事弗朗西斯·加里指出，新一轮技术革命将会影响到每一个行业，其中之一就是制造业。他

弗朗西斯·加里

以阿迪达斯鞋业为例，指出制造业将会从机器人、人工智能、高端制造业技术等方面获得收益。另一方面，技术革命是数字和数据革命的衍生物，人们越来越需要利用数据来提供解决方案。

维信诺科技有限公司首席专家张德强梳理了前三次技术革命分别呈现的机械化、电气化和自动化的特征，并提出新一轮技术革命更具有多元化的特征，包括创新的无界化、智能化、数字化、平台化和可视化等。他和团队花费了22年的时间专注于一项新型柔性的显示技术——OLED（Organic Light-Emitting Diode，有机发光二极管），这一技术目前作为中小尺寸显示屏的主流，生动地揭示了万物互联、人机交互的界面特征。

亲眼见证中国经济的发展和高新技术行业发展历程的百度总裁张亚勤，结合各位嘉宾的意见，表达了自己的看法：首先，无论是清洁技术、卫生技术还是人工智能，都要确保它能够服务人类，服务社会。新技术的目标是提高效率，为人类提供更好的生活。"下一个创新的技术是什么，我觉得机器学习、人工智能是重点。"他说道。从技术的角度，他强调"计算"是一个不容忽视的领域，表示未来人类"会看到更多的量子计算，包括人工智能等，会有很多新的令人激动的关于量子计算的技术和一些新的架构、新的应用。包括我们的计算机都会基于超级导器，而且它可以利用质子这些全新的元素进行计算"。

新技术与物流行业

众所周知，中国是第一物流大国，正努力从劳动密集型向技术密集型转变，由传统模式向现代化、智能化升级。各界都在积极探索物流行业发展的新方向，也都不约而同地回归到新技术这条道路上。在2018年博鳌年会分论坛"物流的变革"上，京东物流CEO王振辉表示，推动物流变革的重点在于技术。而京东也一直走在物流创新技术应用的前列，2017年京东在上海已经运营了全球第一个B2C无人仓。

王振辉还通过对进口香蕉产品进行溯源的例子，论述了区块链技术是如何推动货运变革的。

中远海运集团董事长许立荣则从市场、需求、能力和理念四方面阐述了对近年来物流行业变化的体会，他在此分论坛上表示，"随着资本和高新技术的投入，智能制造、大数据、电子商务、互联网已经使得物流相互间的整合变得非常容易"，技术为物流行业的服务产品和商业模式的不断推陈出新打下了基础。

波士顿咨询公司全球主席汉斯指出，目前拉美、非洲等地尚未实现理想的互联互通，物流行业还未达到全球的高效性。对此，所有参与者都应该把新技术应用作为一个机会。迪拜环球港务集团（DP World）全球主席苏丹·艾哈迈德·本苏拉耶姆对此深表认同，他结合海运物流的现状分享了迪拜环球港务集团在供给链方面的变革。

哈萨克斯坦国家铁路公司CEO卡纳特·阿尔普斯巴耶夫认为，作为供应链的一部分，必须携手其他亚洲伙伴，降低运行成本，应用新技术或平台使跨国间的合作更加顺畅。

用理性的眼光看新技术的变革

面对当前"雨后春笋"般冒出的新技术，百度总裁张亚勤期待抓住机遇，他认为创新正以人们前所未见的速度发展，新一轮技术革命带来的行业融合会是一个巨大的趋势。

然而，新技术的应用在陈冯富珍看来却是一把"双刃剑"，这种双面性在医疗行业的体现更为明显。伦理的坚持、隐私的保护和法规的坚守，难以跟上技术快速变化的脚步，如何确保所有国家的人民都能够获益依然是一道未解的难题。当前，新技术的应用在各国发展不均，她建议国际社会应当形成合力，提供最好的选择来解决社会问题，真正实现人们所期望带来的社会效益。

"技术发展非常重要的一个影响是社会的两极化"，以色列ICQ（即时通信软件）投资人约西·瓦尔迪认为，许多人在技术浪潮中被边缘化了，但解决这一问题必须要改变以往

张亚勤

只归咎于政府的想法。约西·瓦尔迪分享了以色列在IT技术和行业发展的经验，也介绍了民间社会应对新技术带来贫富差距威胁的举措。为此他总结出应对之道：以包容性的举措来解决社会问题，让社会所有阶层都能够参与进来，尽可能帮助被边缘化群体获得相应的资源。此外，他也担忧人工智能的发展可能会影响人的思考与价值系统，由帮助人类向"操纵"人类转变。

弗朗西斯·加里对此有着不一样的想法，他认为技术本身是中性的，关键在于对技术的管控是否合理。"一个国际社会如何更好地管控这些信息技术，让技术的潜力能够更好地发挥"，是他眼中技术带来的最大挑战。

新技术如何帮助人们实现美好生活？

针对"如何实现技术的最优效益"，来自高新技术行业的嘉宾们分别表达了自己的看法。

张亚勤认为，健康这一适用于所有人群的行业对新技术的需求最为迫切。而对于百度等互联网企业来说，未来可能最具颠覆性的技术会体现在AI技术上。他指出，搜索引擎和云计算是最快应用AI技术的，而在语音、图像识别等方面，只要用到或产生很多的数据，全新的大数据和人工智能等技术也将会得到应用。

而在 OLED 领域取得突出成绩的张德强提出了"技术要生逢其时"的观点，表示"所有技术最终的目的是要解决当下社会的痛点，能够服务于人类的需要"。张德强认为技术革命的过程需要一个开放的生态，他表示在不远的未来，做出可折叠、可卷曲的显示屏不是梦。

孙丕恕也表示，社会发展需要新的技术，一方面很多企业在研发新的技术，另一方面又有很多企业来使用这些技术，从而共同推动整个社会的进步。

"生逢其时，服务于人，开放心态，协同创新"，关于新技术革命的讨论在未来也同样经久不衰。在场嘉宾和观众都期待着一轮新技术革命的迭代，将真正帮助人们实现更美好的、向往的生活。

12.
数字经济：智慧的价值

英国《金融时报》曾指出，中国数字经济在全球已处于引领位置。新加坡国际商务网站发表评论道，中国是数字经济的先驱和领头羊，凭其对中国 GDP 越来越高的贡献率引领着世界发展潮流。中国数字经济规模已位居全球第二。有数据显示，2017 年中国数字经济规模达 27.2 万亿元人民币，占国内生产总值的比重达到 32.9%。博鳌亚洲论坛 2018 年年会举行"数字经济：智慧的价值"分论坛，与会嘉宾对当前数字经济的发展状况和未来的发展趋势，进行了热烈的讨论。

五种会对未来的发展产生重要影响的技术

《连线》杂志创始主编凯文·凯利（Kevin Kelly）认为，这是有史以来最好的时代，有 5 种会对未来发展产生重要影

凯文·凯利

响的技术，分别是认知、互动、共享、调取和跟踪方面的技术。第一，从认知方面的技术来看，AI技术会影响一切，会越来越充满智慧并改进效率。人与机器一起工作是未来的趋势，但道德、伦理等问题也会逐步显现。第二，在互动技术方面，VR、MR等技术可以创造出一些经历，并将这种体验与人们分享，成为一种新的社交方式，从而有利于信息互联网发展到体验互联网。第三，在共享技术方面，通过全球性的平台，所有事物相互连接，几百万人围绕一个项目远程、同步、实时工作，进行大规模协作，实现"连接一切"的梦想。而区块链就是未来支持大规模协同的科技。第四，在调取技术方面，音乐、电影、书、游戏等任何时候都可以访问，不用买、不用存、不用携带、瞬间拥有。数字世界访问比拥有更好，环境成为可以提供东西的环境。第五，在跟踪技术方面，屏幕代表一切，可以通过传感器得到的各种数据回看表情、感情的变化。VR会成为世界上最大的数据公司。通过面部识别等技术，身体成为密码，每个人都会有一个和自己相关的数据库。

数字经济时代的人类全球协作

应对数字经济的变化，凯文·凯利强调，新技术会创造出新问题，而且这些新问题，本身需要更多新技术加以解决，这是不断循环的过程。在这个过程中，人类不断进步，这也是一种机会，所有人都在同一起跑线上，现在还没有人落后。

Beyond Imagination创始人兼CEO哈里·托马斯·克鲁尔赞同凯文·凯利的观点，并认为，世界正在发生快速的变化。为让大家更好地感觉到数字经济的变化，Beyond Imagination正在建设虚拟城市，以更好地提前呈现未来。

华美银行（East West Bank）执行副总裁班纳特·波兹尔补充道，在数字经济时代，企业面临两种选择，要么适应，要么死亡。各类机构需要持续关注技术的发展变化和对经营模式创新的影响，如果不调整并适应新的变化，我们会持续遇到挑战。

OOW创始人兼CEO杰弗里·霍华德·韦尔尼克认为，对数据进行确权非常重要。现在个人行为产生的数据沉淀在第三方，第三方随意使用相关数据进行获利，但并未得到数据所有权人的同意。区块链技术可以进行数据确权，也能够保护私密性，这是区块链一个很好的应用方向。

数字资产的新认识

数字经济以数字资产为核心，可用区块链技术记录人类社会的确权、记账、分账，以及激励等工作。在未来，一个数字经济系统的生产关系将会构建出来，从而推动人类社会不断向前发展。

杰弗里·霍华德·韦尔尼克认为，每个人都创造内容，创造各种各样的数据，通过交换数据，公司可在授权的前提下更好地利用这些数据，从而产生更大价值。但现在的法律制度并没有很好地界定这些问题，造成对我们隐私权、受益权的伤害。照顾好个体数据是真实需求，对数据的可携带性提出更高要求。

凯文·凯利则强调数据不可能被独自拥有。从社会层面讲，有些东西本身就是公众性的，它不像房产等资产一样有明确的权属对象，数据本身不涉及所有权的问题。

本尼特·玻兹尔表示，人们每一次上网，不管在哪个国家，不管用什么样的应用程序，都放弃了一些隐私权。当进入公共领域的时候，社交应用是放弃一些隐私权，以之作为参加互动的成本。

第四部分

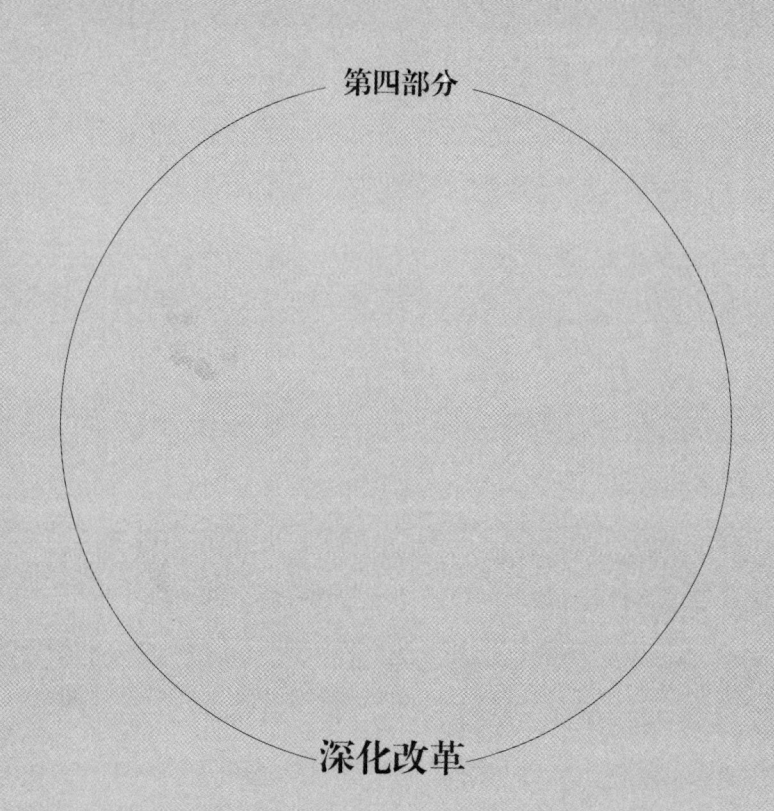

深化改革

13.
政府与市场

改革开放40年来,中国取得了举世瞩目的成就,被世界公认为"中国崛起"或"中国奇迹"。总结成功经验,关键一条就是我们坚持在社会主义制度下发展市场经济,坚持改革开放。

"作为世界上最大的两个经济体之一,中国的改革开放极大地启发了世界,中国的改革开放影响了世界的很多领域。"第八任联合国秘书长以及博鳌亚洲论坛新一届理事长潘基文在2018年博鳌亚洲论坛年会"改革开放40年:中国与世界"的电视辩论会上高度赞赏中国起到了以身作则的榜样作用,中国人民的精神、中国经济的发展、中国支持和帮助发展中国家的举措,对全世界来说都是很好的典范。法国前总理拉法兰和澳大利亚前外长鲍勃·卡尔也都表示,中国改革开放40年来取得的成就有目共睹,还没有其他国家做到过这一点。拉法兰也进一步强调,中国没有复制西方的模式，而是创造了一个属于中国的、更加包容的发展模式。

中国的模式，其核心是中国特有的政治经济模式，即有中国特色的社会主义市场经济体制，而其中的政府与市场是配置资源和协调社会经济活动的两种主要机制。党的十八大报告要求加快完善社会主义市场经济体制，指出经济体制改革的核心问题是处理好政府和市场的关系，必须更加尊重市场规律，尊重市场在资源调配过程中的主要作用，同时也要更好地发挥政府作用，为市场的健康发展与运行提供保障。如今，中国改革开放迎来"下半场"，探索政府在新时代经济发展中的作用就显得格外重要。处理好政府和市场的关系，中国还需要发挥怎样的智慧？

辩证思考政府对市场的作用

欧洲智囊团（Notre Europe）荣誉主席、世界贸易组织前总干事拉米，在2018年博鳌年会的分论坛"政府与市场"上，从欧洲的视角提出市场依然是分配资源的最好方式，但政府的干预在个别领域也是必要的，比如说有些领域的市场效率低下，或是一些长周期的项目可能造成的区域不平衡和社会不平等等问题，此时政府就要出面干预。他认为过多依靠市场自身或是依赖政府干预都会产生负面影响。比如，美国的经济体系存在投机性、短期性的追求利润最大化的特

拉米

尼古拉斯·拉迪

征，政府干预相对较少，没有考虑公共福祉。而中国的经济体系有时候会受到政府过多的干预，这将会影响平等的市场竞争基础。

彼得森国际经济研究所高级研究员尼古拉斯·拉迪首先回顾了中国过去35年的发展，他说，中国的民营经济体在过去成为经济增长的驱动力，这在一定程度上归因于"市场经济的活力"，尤其表现在就业的增长、出口的贡献以及对拉动投资所起的作用方面。但他对近些年中国的发展情况表示担忧，比如中国私营（民营）经济投资情况出现"趋缓的趋势"。从过去七八年他所观察到的情况来看，他认为相比中国的国营投资，私人经济投资已经在减缓，尤其在过去两年，几乎停滞不前。另外，他指出，国有公司对资源占有太大的使用权，比如中国在资本配置上的举措，比如大部分银行的贷款都是贷给了国有企业。而一些国有企业效益并不好，它们的支出比税后的利润多好几倍，正常的投资无法为它们提供资金，只能越来越依赖银行的贷款和从股票市场上融资。尼古拉斯·拉迪说，这些在市场上的不平衡是政府导致的，正是因为政府干预过度，给了国有企业太多原本不应得到的资源，影响了中国经济增长。

针对西方学者的观点，原外经贸部副部长、中国加入世贸组织首席谈判代表龙永图先生深度解析了中国市场与政府的交织互促作用。他说，中国的政府和市场的关系实际上在

20世纪90年代后才有讨论的意义,"我们的农村是人民公社,我们的人民公社是三级所有,最小的一级是村,它是小队,然后上面是大队,实际上是乡,最上面是公社,它是镇,全部是公有经济,在城市里面连一个小的理发店、一个小餐馆都是国有的,所有的经营单位都是政府,我们那个时候叫单位,单位就是一个小政府"。针对有的西方学者提出的改革开放的前二三十年中国民营经济比较活跃的现象,龙永图回应,那是因为1978年的时候从公社开始全部变成以家庭为单位的农村经济,农村的市场培养起来了,可以这样说,"中国改革开放的前20年基本上是培养市场的过程,从没有市场到有市场"。针对西方学者对中国市场与政府关系的理解误区,龙永图认为这20年政府起了关键的作用,因为所有的改革措施都必须由政府起作用,政府解放了生产力,比如在农村,以承包责任制解放了生产力;在城市,搞乡镇企业让老百姓经商。中国加入世贸组织之后,对外贸易才由过去100多家外贸公司垄断逐渐发展为有几十万个外贸企业竞争发展的外贸市场。这些改革措施都必须由政府起作用,龙永图强调正是因为中国政府解放了中国的生产力,才形成了如今中国的市场。

新加坡前副总理黄根成对龙永图的观点表示认同,并强调政府和市场不应该是对立的,"政府的作用是要建立规则,提供公平的竞争环境,让大家有平等的市场准入规则,而企业也要赚取利润来创造更多的就业机会"。他以医疗健康和教育为例进一步阐述,认为全部或是绝对的市场化或是私营化也会对社会发展带来负面的影响。政府在其中发挥了重要作用。在这一观点上,黄根成与世界贸易组织前总干事拉米都强调了政府在社会福利的保障上发挥的重要作用,比如"政府要建立公立学校,给各种各样的人提供上学的机会,使人民能够受到很好的教育"。另外,黄根成还以新加坡公共住房为例,深入浅出地描绘出政府与市场的关系。在新加坡,政府提供了公共住房,大家也为此付费,而且付各种各样的抵押贷款,这就说明政府的作用是必不可少的。但政府并不干扰正常的市场秩序,如果人们的经济条件更好,或是

黄根成

业绩更好，也可以从市场上购买私人住房，市场在资源配置中的作用也能很好地发挥出来。

清华大学经济管理学院中国与世界经济研究中心主任李稻葵也表示要客观辩证地看待中国政府与市场的关系。回顾过去40年，中国在处理政府与市场的关系上总体来讲是比较好的，并以中国汽车行业的成长与崛起为例，强调了处理政府和市场的关系要与时俱进。李稻葵讲道，政府是游戏规则的制定者，比如，进入世界贸易组织之后，政府对进口汽车征收了相关的关税，中国的汽车行业是受到政府"保护"的。同时，通过引入外资，建立股份制合作，也让一些还在成长期的汽车企业得到了学习的机会。事实证明，现在中国自己的汽车企业，如长城汽车、吉利汽车以及广汽集团，市场业绩都很好。但是，李稻葵也强调，"现在情况变了，我们车厂变大了，市场变大了，全球1/3、1/2的市场在中国，一年接近3000万辆，这种情况下我们不需要太多保护，我们是适当地放开"。在符合WTO规则下，政府要适当放宽管制，逐步开放市场，鼓励市场竞争，这不仅对中国的汽车行业有利，也对中国乃至全球的消费者有利。针对西方学者关于中国国有企业认识的误区，李稻葵也认为西方学者应改变"凡是国有企业，必定不符合WTO原则"的普遍偏见。他指出，中国国有企业改革势在必行，同时也表示"国有企业只要改革得好，按照市场的方法一样可以做得好"。

李稻葵

李东生

第四部分　深化改革

　　TCL集团股份有限公司董事长、CEO李东生作为民营企业家代表，结合企业的发展经历，也发表了自己的见解，他认为处理市场和政府的关系，是与国家的经济水平和制度相关的。他对有些西方学者的观点有着不同的看法。他认为，目前政府的参与和干预符合中国发展阶段的现状。中国政府对经济的发展有着长远的规划，尽管规划未必十全十美，但中国的经济政策是延续的。相反，西方发达国家的社会政治制度决定了很多政策是难以延续的，"譬如美国总统特朗普上台以后，几乎把上一任政府经济方面的决策都否定了"，李东生补充道。这种有着长远目标且连续性较高的经济政策，强有力地支持了中国的企业近40年的成长与发展，使得中国的经济站在了世界舞台的中央。

　　北大国家发展研究院名誉院长林毅夫则强调，发展中国家要认识到与发达国家在要素禀赋、产业、技术及结构特性上的差异，"在经济发展和转型过程当中，实际上市场是不变的，想建立有效的市场，需要政府积极克服市场的问题"，林毅夫指出，"市场有效以政府有为为前提，政府有为以市场有效为依规"，"如果政府不去做，就变成不作为了，如果政府的作为超过了市场的作用，就变成了乱作为"。许多非洲国家根据"新结构经济学"[①]理论进行实践，也发生了立竿

[①] "新结构经济学"理论由林毅夫提出，为政府和市场关系提供了新的理论框架。

林毅夫

见影的效果,埃塞俄比亚就是一个典型的例子。作为一个基础环境比较差的贫穷内陆国家,2012年以前,从来没有人认为埃塞俄比亚会变成一个全世界制造业的加工出口基地,如今埃塞俄比亚已经是非洲吸引外商投资最多的国家。而在欧洲,这一理论也同样适用。"2015年,波兰政府宣布要按照新结构经济学的思想来制定国家的发展政策,在新的发展政策引导下,如今占欧盟人口1/10的波兰,创造了欧盟70%的就业机会",林毅夫说。他相信只要把政府和市场的关系处理好,任何国家都可以稳定和快速发展。

政府与市场巧妙结合的案例：中国的楼市

据住建部统计，2016年，中国人均居住建筑面积已经达到了40.8平方米。但与此同时，一线城市的房价却一路飙升，让许多追梦的年轻人"望房兴叹"。党的十九大报告中强调，房子是用来住的，不是用来炒的。这一定位不仅反映了老百姓的心声，更反映了政府的房地产发展思路出现了重大转折——楼市不能仅仅靠市场。

住建部原副部长仇保兴在2018年博鳌年会"楼市：这次真的不一样"分论坛上，首先向与会嘉宾解读了"不一样"的含义。仇保兴表示，"不一样"主要基于三点现实：一是整体形势不一样了。目前中国城镇化率已接近60%，不再是10年前那个无论盖多少房子都能卖掉的年代，"宏观上讲，中国已经不缺房了"。二是政府思想不一样了。从40年前人均7平方米到开放市场，让市场各个主体来参与楼市建设，到如今房地产已经让社会的不公平显现出来，低收入阶层的住房问题已无法由市场来解决，政府与市场两只手都要在楼市发展中发挥作用，尤其是政府的作用将会越来越大。三是金融环境不一样了。过去的低杠杆率不复存在，房地产泡沫是唯一可以触发金融风险的重要因素。"房地产不弄好，金融危机就要来。"美国便是前车之鉴。因此，这一次的调控政策，与以往有着很大的区别。

如是金融研究院院长、首席经济学家管清友也认为,新一届中央政府对房地产行业的重视程度超出以往,决心也非常大。"这次调控政策力度大、周期长,和以往经历的政策周期不太一样。与此同时,政策对于地产市场的影响很大,会直接影响房地产企业的融资。"

"我认为,住宅市场接下来会有巨大的改变,政策会对房地产行业造成很大影响。"香港瑞安集团主席罗康瑞如是说。"我来自香港,深知高房价带来的危害,现在的香港年轻人基本上买不起房子。"因此他认为,建立好长效机制,不要让市场死掉,值得大家研究与探讨。不过他也认为,很多省市还没有想好如何推动新的调控政策。"楼市的改变才刚刚开始。"

中国的楼市,需要又硬又聪明的政府之手发挥作用。

作为国民经济的支柱性产业,房地产行业对周边产业、拉动就业带来的积极影响是巨大的。那么,政府大力推动对楼市的管控,会动摇房地产行业的支柱地位吗?该如何看待政府与市场的关系?

仇保兴指出,房地产这一个行业就能够带动70多个行业的发展,这是谁都无法改变的事实。无论是财政收入还是投资,房地产都扮演着无可取代的角色。当前的调控是指用长效机制弥补市场的缺陷,"市场不能解决社会公平问题,不能解决风险平稳过渡的问题,也不会解决低收入阶层的问题"。未来的房地产市场，是聪明的政府与市场的手段充分结合。

罗康瑞也认为，房地产还将是一个重要的产业，因为这是扩大内需最好的渠道。但他也坚信，政府的作用必不可少。政府决定了怎样支持低收入群体，让他们的生活有所保障，住得有尊严。

美国莱纳国际（Lennar International）总裁克里斯·马林赞同政府在楼市中发挥调控作用。他说，事实上，美国政府同样采取过楼市管控政策。"很多人以为，美国拥有自由的房地产市场。其实并非如此，有一系列证据可以证明政府深度参与房地产市场。"

至于政府具体将如何调控房地产市场，仇保兴表示，"长效机制"包括以下一些内容：

一是房屋供应渠道变多，政府激励一部分市场主体专门做低收入阶层的房子，激励模式有多种，也可以借鉴欧美的合作建房等模式。

二是调控的手段变多，从中央集中调控到区域分散调控，从行政命令调控到利用税收、信贷等工具调控。"空置税、消费税都会陆续出台。"

三是不同区域的调控目标不一样。对于一线城市，政府政策目标是解决炒房问题，控制金融风险，解决房价无限制上涨和低收入阶层买不到房子的问题。对于三四线城市，则是增加公共产品投入，改善城市建设，通过发展医疗、教育、交通等来发展当地的房地产市场。

仇保兴举例说，上海有若干个镇房价很低，居民不愿意疏散过去，政府便在这些地方建设了26家甲级医院的分院及重点学校的分校，当地的房地产价格立刻上涨。随后，上海市政府正式提出今后五年减少主城人口，这样就把周边地区或三四线城市带动起来了。

仇保兴说，不同层级的政府在楼市调控中将发挥不同的作用。对于解决低收入者住房问题的保障房的供给，由中央政府出政策，地方政府具体操作，并动员市场各类主体积极参与。房地产调控工具也将由中央下放到地方，以后基层政府所用工具就不止户口这一项了。与此同时，中央也会对地方政府的调控效果进行考核。

罗康瑞则专门谈到，与国外市场相比，中国存在一个特殊现象，便是住房空置率很高。"大家都相信买房子一定能赚钱，这导致投资之后很多房子租不出去。"他认为，这些问题都需要依靠政府手段来调整和解决。

对于这个问题，伟业我爱我家集团董事长谢勇表示，房地产中介机构可以利用市场手段，把人们的第二套房、第三套房有效配给暂时买不起房的人，利用长期租约维护双方利益。目前，这种长租服务只占租赁市场的4%，提升空间还很大。

全力打造公平的市场竞争环境

"政府应该创造一个公平的竞争环境,但是政府并没有做到这一点。"彼得森国际经济研究所高级研究员尼古拉斯·拉迪从服务业准入门槛、私有产权保护和国有企业亏损三方面进行了阐述,认为中国政府在为不同类型所有制企业创造公平的竞争环境方面还有待改善。拉迪认为中国政府通过国有资本来行使的管理权力太大,由此可能会挤压民营经济的发展,影响创新,导致资源错配,他提出"国家的管控要有度"。

针对西方对中国国有经济的误解或偏见,龙永图对此进行了阐述,他指出处理市场和政府的关系,实际上是处理国有企业、民营企业和外资企业之间的关系。这其实要求政府要制定规则,让不同所有制的企业公平竞争。龙永图表示,改革进入深水区后,政府怎样进一步规范市场,调动所有企业的积极性,使它们公平、合理和合法地竞争,才是处理政府和市场关系的核心问题。

新加坡前副总理黄根成也指出,政府的作用主要是建立规则,使大家有一个公平的竞争环境,有平等的市场准入规则。林毅夫也认为,要想建立一个有效的市场,比如让企业家精神成为中国经济增长的主要驱动力,就要求政府要有所作为,要在逐步改革开放的过程中把监管和环境治理做好。

"政府要积极克服市场的问题，企业家比如说李东生先生才能把自己的能力发挥出来"，林毅夫这样说。

李东生结合自身的从商经历，对林毅夫的观点深表赞同，同时强调政府的主要作用是创造一个真正公平的环境，让各种市场主体参与竞争。他表示，中国政府职能改变有着明显的方向——简政放权。他惊喜地发现，停止政府对企业经营投资决策的干预，已经从上到下推行起来了。这说明处理政府和市场的关系本质上是政府治理的问题。而谈到简政放权，龙永图赞同李东生所言，他指出只有政府治理好了，市场才会更健康。"因此要先把政府搞好，做到廉洁高效，职能清晰"，龙永图总结道。

完善的市场体系、良好的竞争秩序，需有政府坚实的支撑与保障，也要求政府的宏观调控要科学合理。政府与市场在结构变迁、技术进步、收入分配、生活质量提升等诸多领域，都是相互支撑、彼此借力、共同进步的，也只有这样才能发挥市场在资源配置上的决定性作用，让市场去激发全社会创造财富的热情，促进社会生产力的整体跃升。

积极构建良性的政商关系

中国改革开放40年取得的丰硕成绩离不开政府与市场的协同发力。宏观战略层面，政府与市场是有机统一体，缺一不可。但在微观运行层面，一些不正常的现象诸如关联交易、利益输送、官商结盟等，由于传统观念的浸染、政府定位与职能的渐进式转变、市场发育的相对缓慢和法律制度的不完善而逐渐出现并日益严重。随着市场经济的日益完善和依法治国的全面推进，在新形势下如何科学合理地构建政商关系就成为当下热点话题。有媒体用《论语》当中的话来形容政商关系：近之则不逊，远之则怨。政商之间构建新时代良性关系，应既不绝缘又能安全不导电。在年会举行"政商关系的'亲'与'清'"分论坛上，与会嘉宾就政商关系进行了讨论。

"任何一个国家都必须处理好政商关系。"中国商务部前副部长廖晓淇说道。

富邦集团董事长蔡明忠以美国总统出访为例描述欧美国家的政商关系，总统出访一般都由亲近的企业家陪同，同时，他们之间又是清廉关系，所以，欧美政商关系的原则是双方保持清楚关系的前提下，形成亲切关系。

新加坡通商中国主席李奕贤表示，欧美政商关系具有清廉关系和亲近关系两种属性，因为具有法律制度支撑，欧美政商关系属于清廉关系，企业到政府办事，知道政府的办事程序。

长江商学院院长项兵表示，政商关系的"亲"与"清"是必要的，因为政府要为企业创造一个透明公平的竞争环境，但需要把权力装进笼子。中国大陆政商关系深受儒家思想影响，形成"亲近"关系无可置疑，法制化也不能避免政商形成"亲近"关系，但政府应通过法律与法规透明化实施，形成公平竞争。同时，政商的"亲近关系"是必要的，政府与企业需良性互动，共同解决收入与财富不均、社会流动性下降、可持续发展这三大问题。

香港菁英会创始人、荣誉主席施荣忻表示，自1973—1974年廉政公署成立以来，香港廉洁情况得到提升，并被世界认可。1997年香港回归后，中央政府与香港民众的"亲近关系"和香港特区政府与香港民众的"亲近关系"进一步改善，取得进步。政府要关注民众的基本权益，为民众服务，这是"亲"的关系的根本；在"清"的方面，他希望中国政府能够高薪养廉，希望未来5年中国公务员的收入得到改善。

李奕贤表示，新加坡政府处理政商关系的"亲"与"清"是通过以下两个方面：第一，制度上把政府官员权力分开，从而促使政商形成"清廉关系"。第二，政府成立专门委员会，听取企业家意见，让企业家为政府献计献策，从而促使企业愿意与政府接触。健康的政商关系是企业愿意接近官员，并且官员愿意聆听企业的心声。他借用深圳大学吕元礼教授对新加坡养廉做法的归纳表示——以德倡廉，使人不想贪；以俸养廉，使人不必贪；以规固廉，使人不能贪；以法保廉，使人不敢贪。

与发达国家或者比较成熟的市场经济国家相比，对于形成良性政府与企业关系，中国政府仍有差距，但政府正在积极采取措施。首先，政府应制定法律法规并且透明化执法，对所有企业一视同仁。其次，通过政府信息公开、简化审批事项，扩大网上办事事项范围，方便、服务企业。"亲"与"清"其实更合理地形容了政府官员与企业商人的关系，廖晓淇总结道。

14.
货币政策正常化

回顾2017，全球经济继续呈现复苏态势，主要发达经济体的央行都开始紧缩利率，正陆续退出扩张，货币政策趋向正常化，美联储年内三次加息并推出缩表计划，地缘政治风险频发并对国际金融市场形成一定冲击，国际经贸环境和跨境资本流动性形势变化较大。从国内经济金融形势看，总体稳中向好，但经济运行中仍然存在较为突出的结构性矛盾，财政金融领域的风险有所暴露。面对复杂动荡的国内外经济形势，中国更要进一步深化改革开放，坚持质量第一、效益优先，实施稳健中性的货币政策，更好地做到稳增长、调结构、防风险之间的平衡，为供给侧结构性改革和高质量发展营造中性适度的货币金融环境，在促进杠杆稳定的同时，保持经济平稳较快增长。

在4月10日举行的博鳌亚洲论坛2018年年会开幕式上，中国国家主席习近平宣布，要扩大中国金融业的对外开放。

中国人民银行新任掌门人易纲于 4 月 11 日在年会"货币政策的正常化"分论坛上，向外界公布了一系列中国金融业对外开放的重大举措，这或许是中国金融十年来最大尺度的对外开放。

继续实施稳健的货币政策

分论坛上，澳大利亚 AMP 前 CEO 克雷格·米勒回顾了过去十年中西方国家应对金融危机的策略，认为采用的大多是相对极端的政策，当时的目的就是促进经济的发展，希望全球的经济能够快速回到比较健康的轨道上来。在过去的十

克雷格·米勒

年中，宽松的货币政策导致了资产的通货膨胀。另外，技术革命对劳动生产力的改善、对传统技术的提高与挑战，也超出了人们的预期，所以，的确需要适当从紧的货币政策，而且需要有良好的实施方法以避免对市场造成不良影响。

而中国经济已由过去的高速增长阶段转向高质量发展阶段，应更注重经济的发展质量，而非一味地追求增长速度。中国已不再适宜过去粗放式的增长模式，不能依靠货币信贷的"大水漫灌"来拉动经济增长。央行行长易纲表示，中国的货币政策要保持稳健中性，这有利于中国经济的发展。他还强调，在过去很多发达国家实行零利率的时候，中国的货币政策和利率政策也一直保持稳健。所以当其他国家货币开始加息，如美国加息了6次以后，人民币的收益率曲线还是高于美元的收益率曲线。

孙冶方经济科学基金会理事长李剑阁也表示，因为中国从来没有像日本、欧洲那样采取零利率、负利率的货币政策，中国的货币政策是循序渐进的，是一个微调。因此，对宏观经济来说，中国货币政策不会出现剧烈的变化，也不会给经济带来很大的波动。利率市场化改革是金融体制改革的核心内容之一，既有利于提高金融业竞争力、增强金融体系韧性，为推动金融机构转型发展注入新的动力，也为货币政策调控框架转型创造了有利的条件。当前，中国的利率水平处于一个比较适度的区间。

易纲表示，中国利率市场的走势应该从两个评判标准来看：一是金融支持实体经济的力度如何；二是要考虑到预期，将来会是怎么样。"从这两个方面考虑，现在我们都处于一个比较适度的区间。"他说。

当被问及中国的基准利率接下来是否会发生变化时，易纲表示，未来最好的策略是让这两条轨道逐渐融合，更加遵从市场利率这一方向。"这是我们的改革方向。"易纲提到，目前中国有基准利率和市场利率两条轨道，其中货币市场的利率完全由市场来决定，比如政府债、公司债利率等。此外，对于基准利率也放松了一些空间，存贷款利率可以较基准利率稍微有所上浮或者下降，这由商业银行根据市场状况来决定。

进一步扩大金融业开放

易纲表示，人民银行和各金融监管部门将遵循以下三条原则推进金融业对外开放：一是准入前国民待遇和负面清单原则；二是金融业对外开放将与汇率形成机制改革以及资本项目可兑换进程相互配合，共同推进；三是在开放的同时，要重视防范金融风险，要使金融监管能力与金融开放度相匹配。

分论坛上，易纲根据习近平主席所说的落实开放措施、

易纲

易早不易迟、易快不易慢的精神,宣布中国金融开放一系列具体举措和时间表。

以下 6 项金融领域的开放措施将在未来几个月内落实:

1. 取消银行和金融资产管理公司的外资持股比例限制,内外资一视同仁;允许外国银行在我国境内同时设立分行和子行。
2. 将证券公司、基金管理公司、期货公司、人身险公司的外资持股比例上限放宽至 51%,三年后不再设限。
3. 不再要求合资证券公司境内股东至少有一家是证券公司。
4. 为进一步完善内地与香港两地股票市场互联互通机

制，从 2018 年 5 月 1 日起把互联互通每日额度扩大四倍，即沪股通及深股通每日额度从 130 亿元调整为 520 亿元，港股通每日额度从 105 亿元调整为 420 亿元。

5. 允许符合条件的外国投资者来华经营保险代理业务和保险公估业务。

6. 放开外资保险经纪公司经营范围，与中资机构一致。

在 2018 年底以前，中国还将推出以下措施：

1. 鼓励在信托、金融租赁、汽车金融、货币经纪、消费金融等银行业金融领域引入外资。

2. 对商业银行新发起设立的金融资产投资公司和理财公司的外资持股比例不设上限。

3. 大幅度扩大外资银行业务范围。

4. 不再对合资证券公司业务范围单独设限，内外资一致。

5. 全面取消外资保险公司设立前需开设两年代表处要求。

此外，易纲行长宣布，经中英双方共同努力，目前"沪伦通"准备工作进展顺利，将争取于 2018 年内开通"沪伦通"。在此前宣布的一些金融业、服务业的开放措施也都在有序推进。比如说以前宣布的包括开放银行卡、清算机构和非银行支付机构的市场准入限制，放宽外资金融服务公司开展信用评级服务的限制，以及对外资投资征信机构实行国民待遇，这些以前已经宣布的措施正在扎实地推进与落实。

随着开放的进一步深化，中国的金融市场将会是一个更加有竞争力的市场，同时也能更好地服务于实体经济，竞争会非常公平、平等，在这里，中国和外国的金融机构可以在一个平等的经济场上进行博弈。因此，整个金融业服务的能力，包括服务于实体经济的能力，服务不同层级的客户的能力，以及产品的多样化都会显著提升。

加强金融业的监管

2018年3月，国务院机构改革方案显示，将中国银行业监督管理委员会和中国保险监督管理委员会的职责整合，组建中国银行保险监督管理委员会，作为国务院的直属事业单位。4月8日，中国银行保险监督管理委员会正式挂牌，"一行三会"变成了"一行两会"。

"放宽对外资的准入和业务范围的限制，同时对各类所有制，不管是中资还是外资，不管是什么所有制，都要依法合规、一视同仁地审慎监管。"易纲表示，目前中国金融监管的基本框架是分业监管大资管指导意见未来将要出台，资管业务不管银行和证券都在统一规则下监管，目的是减少监管套利。

中国人民大学副校长、金融与证券研究所所长吴晓求在"资本市场改革的'四梁八柱'"分论坛上进一步指出，中国的监管架构在吸收了英美国家监管架构某些特点的同时，也具有明显的中国特色。"金融机构方面的风险曾经是中国资本市场面临的一大问题，如今，'一行两会'上面还设立了国务院金融发展稳定委员会，能够起到加强对资本市场风险监管的作用。"

悉尼证券交易所CEO托尼·萨克也肯定了中国银行业方面的监管，指出强有力的监管环境意味着金融机构行为的规范性，对中国经济发展很重要。中泰证券首席经济学家李迅雷针对股票市场表示，中国每年的融资额大约是一两千亿人民币，整个资金盘子还不够大，而且债券比股票要多。另外，企业的成长规模还不够大，中国前十大市值的上市公司中，银行就占了7家。只有通过提高上市公司的质量，提高其赢利能力，才能让中国的资本市场稳健地发展。

针对虚拟货币，易纲强调，中国将对虚拟货币进行严格监管。他表示，虚拟货币对实体经济的服务比较少，存在一些投机行为等。所以中国对虚拟货币的态度一直比较谨慎。

同时，对于数字货币的研究，中国也走在全世界的前面。目前，央行在研究数字货币怎样能够以最好的形式服务实体经济，以最好的形式安全地发展，规避可能的负面影响，让数字货币更好地为经济服务。易纲表示，这一原则不仅适用于虚拟货币、区块链技术，也适用于其他金融科技。

展望2018，中国经济仍有望保持平稳增长，但我们不能忽视经济中存在的一些问题和隐患，金融业监管构架还有待进一步完善。面对复杂的内外部环境，我们既要坚定理想信念，也要心存风险意识，"革命尚未成功，同志仍需努力"。

15.
税制改革促进经济发展

在当今的国际环境中，越来越多的国家意识到税收在国家治理过程中的重要性。税制改革政策能有效促进经济发展，增强国家竞争力。但税制改革不仅仅是减税，只是泛泛地下调税负或减免税收，而是要以税负结构的调整来优化税制和国民收入分配格局。当前，社会上围绕减税有很多不同的声音与争论。比如，支持减税者认为，企业税收成本过高，居民税负感过重致使经济发展的动力不足；反对者则认为，减税并不能抑制经济下行，而且当前财政收支矛盾尖锐，宏观税负较低，减税空间并不大。

当前，全球经济整体尚在复苏期，需求萎缩，同时供需不平衡，企业利润下降，加之债务加剧、成本上升等问题，引发整个行业及宏观层面的需求不足、投资下降、创新乏力等，从而形成连锁下行链条。为应对这种状况，必然需要减税，使企业"轻装上阵"，激发经济活力。特别是美国总统特朗普上台后，开启以全面减税为核心的经济策略，切实增强美国企业的竞争力，也助力美国资本回流，刺激其经济增长。很多人会认为，减税是经济复苏的唯一动力。

但随着财政收入的增幅放缓，财政收支压力增大，特别是教育、社会保障、医疗卫生、环境治理以及城市建设等基本公共服务支出呈刚性增长态势，一些地方收支矛盾已经十分明显，财政风险陡然上升。在这种情况下，如果实施非理性的大规模减税，就有可能引发公共风险。

中国一直在不断地推进税制改革，用新的减税思维和举措来主动应对国际形势新变化，构筑全球新战略，培育新的竞争优势，抢占发展先机。在博鳌亚洲论坛分论坛"税改：抢跑经济的竞争力"上，政商界的"大佬"们就税改议题展开了讨论。

- 与会嘉宾

第四部分 深化改革

纵观中美的税改

中国财政部副部长程丽华在发言中说,在全球经济形势错综复杂的背景下,中国率先实施了一系列重大减税降费改革措施,下了先手棋,打了主动仗。她介绍,中国税制经历了历史巨变,有力激发了全社会的发展活力和创新动力,保障了财政收入的稳定增长,促进了经济发展和民生改善。她总结,中国税制改革40年的成功实践,体现了两个显著特征:一是税制改革始终与中国特色社会主义市场经济体制改革的内部环境相适应,着眼于税制现代化。二是税制改革始终与经济全球化外部环境相适应。中国在简化税制、拓宽税基、优化税制结构、促进包容性增长等方面进行了积极探索。

在税制方面,中国将加强总体设计和配套实施,建立既符合中国国情,又适应国家治理现代化要求,更具国际竞争力的现代税收制度体系。主要有四个方面的考虑:一是进一步优化税制结构,坚固税收调控和筹集财政收入功能;二是进一步落实税收法定原则,新开增税种一律由法律进行规范,将现行由行政法规规范的税种上升为由法律规范,同时废止有关税收条例;三是积极稳妥地推进健全地方税体系改革,科学认知税种属性,区分税基流动性特征,合理确定地方税种;四是推动建立国际税收新秩序,继续拓展和深化全球税收治理合作，创导和推动国际数值协调发展，推动建立公平公正、包容有序的国际税收制度体系，营造全球公平竞争的税收环境，促进全球经济公平增长。

针对外界关心的几大税改热点，程丽华也在发言中透露，将继续推进增值税改革、简化税收制度、推出房地产税以及建立综合与分类相结合的个人所得税制度；还将下放税权，培育地方主体税种。2018年，中国政府计划通过深化增值税改革，要为市场主体减税4000亿元，减费额度大致是2506亿元。同时，抓紧落实习近平总书记在博鳌亚洲论坛宣布的一系列改革开放的重大举措，比如降低进口汽车关税等，相关部门会尽快提出降税具体方案。

华夏新供给经济学研究院首席经济学家贾康从学术研究角度对比中美两国近期的减税措施，赞赏中国的年度减税力度，并表示这符合中国在改革开放整个过程当中实施减税让利的一贯做法。中国要继续在税改过程中不断探索，建立现代税制，打造现代化经济体系，深化供给侧改革。

谈到美国方面税改的成果，贾康表示，美国这一轮减税政策，能在整个全球化舞台上引起全球要素流动新的动向，而这种要素流动会使更多的美国企业得到减税的好处，进一步提升它们的竞争力。不过，他提醒，更多的资本要素流向美国，也会产生外溢性。这种外溢性对于美国最主要的合作伙伴之一，比如中国，会产生一定的影响，也会对中国税制改革造成一定的压力。"但我们可以变压力为动力,做好中国自己的改革。"

福耀玻璃董事长曹德旺认为中国企业税负感重的主要原因除了缴纳的税收之外,还有其他来自政府部门的费、金和款等。谈及税收政策对小微企业的影响,曹德旺说,中国如果要减税,建议大企业不要减,直接把小微企业的税免了,因为小微企业借不到钱。

但曹德旺强调,"税改是每个国家特有的权力",中国同美国的税改政策截然不同,谁也无法复制他人的模式。"各国有各国的国情。特朗普代表美国人民利益的最大化,但他的做法拿到中国绝对不可行。"

程丽华赞同曹德旺关于税改政策应因地制宜的观点,但认为,中国对小微企业给予大力扶持,但也要从中国的国情出发。以往中国已经有这方面的政策,但从 2018 年开始还要进一步加大支持力度。要通过不断的改革,进一步为企业减负增效。"预计 2018 年减税降负将超过 1 万亿元。"她补充道,美国的税改主要是对直接税进行改革,签署改革的法令也主要在总统,中国的国情和美国不一样,中国的税改主要是集中在增值税,也就是经济税领域。为进一步完善税制降低实体企业的负担,中国已从 2018 年 5 月 1 日开始,实施深化增值税改革的措施,比如:第一,对制造业、交通运输等行业降低增值税的税率;第二,进一步统一增值税小规

程丽华

模纳税人的标准;第三,进一步扩大留底退税的范围,尤其在装备制造等先进制造业,还有研发等现代服务企业,以及电网企业,支持这些企业发展。同时,国务院也做出降费的措施和决定。在降费方面,清理规范的范围不仅涉及政府行政性事业性收费和政府基金,还涉及职工养老保险、失业保险、工伤保险以及住房公积金,还有建筑工程领域的保障金等等。"这些年中国政府致力于持续推进减税降费的措施,力度非常大。大致要给社会,包括企业,减费降负2506亿元,如果加上经营服务性收费这些措施,全年要减轻企业负担大致在3000亿元。""我们要让市场主体得到更多的获得感、更多的实惠。"程丽华总结道。

减税要有底线 促进增长更重要

印度工商联合会秘书长 Sanjayabaru 指出，减税的确是对企业的一个激励，但是会造成财政赤字。所以"减税要有底线"，政府需重视再分配问题，要在教育、医疗、文化等其他方面增加支出。

巴基斯坦前总理肖卡特·阿齐兹对国家税制改革有着深刻的认识，他在发言中强调，税收政策不是可以独立于整体经济环境之外的机械性工具。如果没有培育出经济增长的整体环境，只推出减税政策也是不可行的。他建议，减税前先找到增长的引擎所在，然后针对发展需求推出相适应的减税措施，否则适得其反。他还表示，减税的时机也很重要，只有在增长时才是应该减税的时期。

"税改不是把柠檬挤干，而是把蛋糕做大。"阿齐兹认为，一个国家只有把经济做大，才能有资源推出减税政策，同时也减少政府的支出，避免赤字。

针对减税措施与财政赤字之间的关系，程丽华从中国的实践发表了自己的看法。她认为，税改是一个系统工程，需要动态考虑。减税其实也培养了财源，服务于经济增长。从全局来看，短期内，税改一定会造成财政压力，但从长期来看，这是"放水养鱼"，会对财政收入增长产生有利影响。她举例说，2017 年我们国家财政收入增长了 7.4%，高于

GDP 的增幅，也高于了 2016 年 2.9% 的财政增幅。主要有三个原因：首先，实施减税降负，减轻了企业的负担，撬动了企业发展的动力；其次，培植和发展了新的税源；再次，减税降费政策的实施，对于深入实施创新驱动战略，鼓励大众创业、万众创新，包括优化企业的营商环境，都发挥了积极的作用，同时也支持和培育了经济发展的新动能。

16.
企业的蜕变

在经历了将近 40 年的高速发展之后，中国经济迎来了结构转型的巨大挑战。那些长期支撑中国经济高速发展的内部因素和外部环境正在发生结构性的变化。从外部环境来看，西方主要经济体依然受到金融危机的影响，经济虽然在复苏，但总体增长乏力，即便有宽松货币政策的刺激，由于受制于其结构性短板，其短期内强势复苏的可能性不大。但更重要的是，中国内部也发生了变化。比如，与主要的东南亚制造国家相比，由于中国劳动力成本上升和人口逐渐老龄化，中国的人口红利已经渐渐失去相对优势。另外，中国经济在过去的高速发展中很大程度上是靠固定资产投资来拉动，固定资产投资占 GDP 的比重将近 50%。受全球整体经济的影响，大量的行业，尤其是价值链较短的行业，都已经出现了明显的产能过剩，边际效应在减弱，这无疑给中国经济带来了不小的冲击。

在近年经济增速逐年放缓、下行压力渐趋增大的背景下，中国社会各界已形成共识：中国经济目前的问题并非只是需求侧的投资刺激与再平衡，中国经济增长的关键在于创造出高质量的"新供给"，并通过"新供给"引致"新需求"，进而实现经济增长质量的改善。要实现这样的转型，中国企业要从过去粗放型成长转向效率驱动型成长，要以创造价值为目标，建立可持续的核心竞争力，从而走向质量型增长道路。在博鳌亚洲论坛2018年年会举行的"从'大'到'伟大'：企业的蜕变"分论坛上，来自商界学界的各路专家对此进行了深入的讨论。

追求利润与企业社会责任"两手抓"

新希望集团有限公司董事长刘永好和美国莱纳国际总裁克里斯·马林都认为，企业必须有利润，因为要对企业的利益相关方诸如客户、雇员、合作伙伴、股东等负责。

"做企业没有利润就活不下去，有利润才能回报股东、社会、市场，有利润就意味着你有税收，没有利润就没有税收。企业必须对国家有贡献，必须对股东有贡献，必须对员工有贡献。所以从这个角度讲，企业必须有利润，没有利润的企业是对他人不负责任，甚至是对社会不负责任。"刘永好如是说。

但刘永好强调,企业发展壮大后,应把赢利与社会责任结合起来,企业越大,社会担当越大。当企业考虑赢利和责任的时候,企业的价值观就会指导企业什么该做什么不该做,企业才有可能长存。

意大利前总理、欧盟委员会前主席普罗迪表示,企业必须赢利,否则濒临倒闭,但企业需要将赢利与其他目标结合,彼此相互妥协,平衡各种利益关系。企业扩大规模后要格外谨慎,因为扩大规模会导致企业主业分散,而当企业不再专心关注主业,势必增加企业的经营风险。

华谊兄弟传媒股份有限公司副董事长、CEO 王中磊对前面几位嘉宾的观点表示赞同,并表示企业市场份额代表企业

普罗迪

的成就和行业话语权，但取得市场份额不能以牺牲企业和股东的利益为前提，企业赢利、市场份额与社会责任三方面应同时关注。

贵州茅台酒股份有限公司原董事长袁仁国也强调，企业必须要有利润，才有能力为国家做贡献，（比如，公司已为国家上交的税收1000多亿元），才能为社会做贡献，（比如茅台集团一直积极参与精准扶贫工作，从"十二五"到现在，用了90亿元人民币做公益，赞助了14万考上大学但读不起大学的学生），才有可能为股东和员工带来福利，（比如茅台集团从2001年到现在已经为股东分红500亿元，员工的福利在贵州省名列前茅）。

成为伟大企业的要素

专注

真正成功的企业，从来都是从一点一滴做起。刘永好说道，新希望集团36年来一直在农业和食品领域努力，国家提出乡村振兴和实现农业现代化的时间表，这带来极大的机会，所以要把握这个机会，争取做得更好。

克里斯·马林也强调要成为伟大的企业，最主要的就是一点一滴地做一些小事情。"罗马不是一天建成的"，他形象地比喻道，"起跑之前要慢慢地走"。一个企业要抓住各种各样的机会慢慢发展，在成为伟大之前要把自己眼下的事情做好。

王中磊以迪士尼为例来诠释伟大企业的特征，他说道，迪士尼的成功就是从一点一滴做起，"从一个卡通人物变成全球最大的公司，不断地改变和引领经营模式，甚至运用资本整合的方式进行并购，把所有的企业整合在一起。"

创新

普罗迪和袁仁国都认为，伟大的公司都需要创新。这不仅是产品创新，还包括管理形式和治理方式的创新。普罗迪强调，企业要拥抱新的科技，要以开放的心态应对变化。同时，伟大企业要关注全球市场，把企业的科技和其他因素结合在一起，否则不会成为伟大企业。

王中磊预测道，未来十几年后，成为伟大企业的类型更多的是改变人类发展的公司，比如那些在生物科技上做出很大贡献的企业。

袁仁国认为，伟大的企业一定是可持续发展，创新发展，协调发展，共享发展，绿色发展，必须要为国家为社会做出贡献的企业。正如北大光华管理学院院长刘俏总结的，伟大的企业经济是创造型的经济，它们推动了人类的进步。

17.
金融行业改革之路

资本市场作为现代金融体系的重要构成，是市场化配置资源的主战场。过去几十年，在全世界都在推动资本市场改革的背景下，中国也不断推进多层次资本市场改革开放，并取得了举世瞩目的成就。在2018年的博鳌亚洲论坛年会的开幕式上，中国国家主席习近平发表主旨演讲，他宣布，中国要积极推进全球化，继续支持改革开放，将大幅放宽包括金融业在内的市场准入。为什么资本市场改革势在必行？如何更深入地推动资本市场改革？在"资本市场改革的'四梁八柱'"以及"金融的未来：改变，还是被改变？"分论坛上，中外嘉宾对金融行业的改革展开了热烈的讨论。

中国资本市场的"四梁八柱"

2018年3月，国务院机构改革方案显示，将中国银行业监督管理委员会和中国保险监督管理委员会的职责整合，组建中国银行保险监督管理委员会，作为国务院的直属事业单位。4月8日，中国银行保险监督管理委员会正式挂牌，"一行三会"变成了"一行两会"。

中国人民大学副校长、金融与证券研究所所长吴晓求对此给出积极评价，认为监管体系改革非常重要，因为它是"四梁八柱"性质改革的一部分。吴晓求进一步解释了"四梁八柱"的含义，一是股票发行制度改革，二是发行标准改革，三是监管架构改革，四是退市制度、并购重组、信息披露等基础制度的改革。这几方面加起来构成资本市场改革的基本框架。

吴晓求进一步指出，中国的监管架构比较特殊，在吸收了英美国家监管架构某些特点的同时，也具备明显的中国特色。"金融机构方面的风险曾经是中国资本市场面临的一大问题，如今，'一行两会'上面还设立了国务院金融发展稳定委员会，能够起到加强对资本市场风险监管的作用。

"中国银行业方面的监管是其他国家的典范。"悉尼证券交易所 CEO 托尼·萨克也肯定了中国银行业方面的监管，称"四梁八柱"的四个柱子之间是相辅相成的，强有力的监管环境意味着金融机构行为的规范性，对中国经济发展很重要。

金融行业的新角力

金融科技（Fintech）在中国的迅猛发展，远远超出人们的想象，也领先包括美国在内的发达国家。其态势不仅给传统金融带去巨大冲击，更催生了这样的观点——Fintech代表了金融业的未来。

招商银行原行长马蔚华表示，银行"热恋"科技公司，科技公司拥抱金融机构是一大趋势，而高质量的数据正是银行与科技公司结合的最佳条件。他说，银行业遇到的挑战可归纳为两大"脱媒"：一是直接融资的兴起为银行间接融资的份额带来极大挤压，这一领域的挑战还会继续；二是技术"脱媒"。

马蔚华

过去银行垄断了全部的支付领域,但这几年从银行电子化,到互联网,再到金融科技,银行业遇到的挑战非常尖锐。"未来银行遇到的挑战和潜力,最主要的是来自需求的变化,而需求的变化很大程度上源自科技的发展。"马蔚华说。

类似物理学上的"相似相溶原理",他还表示,科技和金融正好是可以"相溶"的。银行拥有客户管理经验、资金流量等,而技术企业可以提供虚拟空间,有大数据、云计算、人工智能等技术,它们优势互补,肯定会形成"一加一大于二"的效果。

他提到了建行设立第一家无人银行的举措并指出,现在很多银行都在跟金融科技公司频频接触,即银行"热恋"科技公司,而科技公司拥抱金融机构,这是一个趋势,成为当前一道风景线。"招商银行现要变成一个 Fintech 银行,把现有业务都和金融科技结合起来。实际上,招行自己就拥有较大的技术力量,另外也可和其他金融科技公司结合。"

英国保诚集团 CEO 迈克·威尔斯表示,科技能够帮助分析市场的期望。他通过保诚先进的在线保险产品平台、普惠金融的产品(微保险)及中国移动支付三个例子,阐释技术是一个驱动因素,是赋能的角色,而如何运用数据则是核心。

欧洲复兴开发银行秘书长恩佐·奎阿托希欧奇称,金融科技目前是处在一个初步的发展阶段,还没有发展起来,尚处在学习阶段。他表示,欧洲复兴开发银行也在帮助所在国国家部门来开发框架，推动金融科技的繁荣发展。他认为，金融创新并不是新鲜事物，一直都是金融服务行业本质的一部分。"不同的是现在创新的速度变了，投资也随之发生变化，这也是我们现在关注的主题。"

PayPal（贝宝）高级副总裁弗兰兹·帕什表示，亚洲市场非常广阔，想要成为客户心中的不二之选，就需要在数字服务、虚拟支付方面脱颖而出。

众安保险 CEO 陈劲表示，金融科技对未来金融的影响刚刚开始，而且这种影响不仅仅是对中国的，也是对全球的。

资本市场改革为何势在必行？

在肯定中国监管体系作用的同时，与会嘉宾也指出中国资本市场运行中存在的其他问题。陈劲在"金融的未来：改变，还是被改变？"分论坛上表示，包括金融在内的中国各领域发展，都是在不断开放的过程中解决自身问题。以后进一步的开放，将给保险业的风险管理、产品设计等方面带来更多挑战和更多竞争，这其实是件好事。"在过去十几年，保险市场相对来说是开放程度比较高的。"陈劲认为，以后开放将带来更多国际合作的机会，共同提高行业竞争的能力。

马蔚华在此分论坛上指出，中国加入 WTO 的时候，金融行业尚且稚嫩，开放如同"与狼共舞"。如今中国不仅没在共舞中被狼吃掉，还在旋转中学会跳舞。他认为，在如今的国际竞争中，中国金融业是有很多优势的。一方面是中国本土银行对本土文化的了解，一方面是中国的金融科技近年来一直"领跑"世界，中国的移动支付遥遥领先于其他国际竞争者。鉴于未来的银行就是要拥抱科技，因此中国的金融业在竞争中是充满信心的。

对于中国金融开放给外资企业带去的影响，迈克·威尔斯强调，在中国金融不断开放的现状下，最主要的问题不是竞争，而是人才问题和模式问题。"我们是否可以把更多的产品推到中国市场，这问题比取消50%的限制更加重要。"他说。

永丰金融控股股份有限公司董事长翁文祺以台湾监管体系改革为例，阐明了资本市场改革的重要性。他指出，台湾的金融体系改革落后了12年，直到2000年的时候，才设立"金融监理委员会"。翁文祺进一步指出，"金融监理委员会"相比过去的监管机构更专业化了。该监管机构设立后，有效解决了资本市场上出现的一些问题。

如何深入推动资本市场改革？

"监管架构改革对资本市场改革来说很关键。"迪拜金融服务管理局CEO伊恩·乔斯顿在"资本市场改革的'四梁八柱'"分论坛上说，从全球视角看，目前涵盖资本市场的金融监管模式很多，对银行、保险、证券的监管有单一的监管模式，有分业监管的模式，还有部分经济体采用"双峰"监管模式。目前看，监管模式本身没有优劣之分，只有是否符合监管实际和本国国情之别。

"金融市场开放是一定要进行的。中国的资本市场一定会越来越大！"对于中国金融对外开放的举措，日本金融厅总务企划局参事官（国际担当）柴田聪也表示很振奋。他也在此分论坛上表示，中国金融对外开放，意味着日本的金融机构可以进入中国市场，这满足了国际机构投资者的需求，尤其满足了想要在中国资本市场进行投资的企业或者机构的强烈需求。

柴田聪称，目前部分国家采用的是基本涵盖整个金融体系的单一监管模式，这种模式有利于监控全部金融体系的稳健性，不需要做部门协调，可以统一、及时地做出监管反馈，还有利于对金融控股集团的监管，对多牌照金融公司的管理优势明显。

针对金融与科技相互融合带来的监管挑战，在分论坛"金融的未来：改变，还是被改变？"上，中国互联网协会会长李东荣表示，传统的银行在拥抱新科技，监管机构也要拥抱新科技，国家的金融监管要与时俱进，与改革开放和金融创新的步伐都要紧密吻合。

针对当前的金融创新，李东荣表示，既要给创新一定空间加以观察，也要防止过度创新和伪创新。他表示，监管也是在金融发展过程中不断完善的，是在"魔高一尺、道高一丈"的过程中进步的。

马蔚华表示，监管应该处理好创新和防范风险的平衡的问题。他说："一个优秀的行长就要处理好风险和收益的平衡，没有风险就没有收益。如果绝对追求零风险，就可能没有收益，但上市公司不可能为了追求效益不顾风险。"他认为监管也是如此，不能为了安全容忍不了任何创新举措，也不可能没有底线地去鼓励创新。

中国银联总裁时文朝表示，要规范支付市场，使支付市场的各个参与方各回本位。"在央行和其他监管当局规范支付市场的监管过程当中，中国银联正在密切配合银行，与包括第三方支付公司在内的金融服务平台进行紧密沟通，从网络到技术再到产品接口和规则标准都进行规范。"